北京社科基金重点课题《完善科技创新制度研究》〔项目编号：20LLGLB041〕

北京市科学技术研究院"北科学者"计划《北京高精尖产业评价与发展战略研究》〔项目编号：PXM2020−178216−000008〕

北京市科学技术研究院创新工程《新经济支撑北京高质量发展研究》〔项目编号：PXM2020−178216−000001〕

PROMOTING HIGH-QUALITY
DEVELOPMENT OF THE CAPITAL

首都高质量发展研究

方　力　贾品荣◎著

经济管理出版社
ECONOMY & MANAGEMENT PUBLISHING HOUSE

图书在版编目（CIP）数据

首都高质量发展研究/方力，贾品荣著 . —北京：经济管理出版社，2021.1
ISBN 978 - 7 - 5096 - 7719 - 3

Ⅰ.①首⋯　Ⅱ.①方⋯ ②贾⋯　Ⅲ.①城市—发展—研究—北京　Ⅳ.①F299.271

中国版本图书馆 CIP 数据核字（2021）第 020599 号

组稿编辑：张巧梅
责任编辑：张巧梅
责任印制：黄章平
责任校对：陈晓霞

出版发行：经济管理出版社
　　　　　（北京市海淀区北蜂窝 8 号中雅大厦 A 座 11 层　100038）
网　　　址：www. E - mp. com. cn
电　　　话：（010）51915602
印　　　刷：唐山昊达印刷有限公司
经　　　销：新华书店
开　　　本：720mm × 1000mm/16
印　　　张：13
字　　　数：248 千字
版　　　次：2021 年 2 月第 1 版　　2021 年 2 月第 1 次印刷
书　　　号：ISBN 978 - 7 - 5096 - 7719 - 3
定　　　价：88. 00 元

序

　　《首都高质量发展研究》是北京市科学技术研究院方力和贾品荣两位技术经济专家共同完成的一部专著。这部专著是在对高质量发展问题进行深入研究的基础上形成的。该书从理论上揭示和论证了高质量发展的客观要求，高质量发展的内涵、任务和实现途径。该书还结合北京市社会经济发展的实际情况，研究了作为首都实现高质量发展的特殊性。该书在揭示规律和定性研究的基础上，从经济、社会和环境三个维度，构建了高质量发展的指标体系。这部专著不仅有理论指导意义，同时对实际工作有较高的应用价值。

　　高质量发展的立足点在经济发展过程中能提高生产要素配置和利用效率，即以较少的投入获得更多的产出，降低社会再生产的成本，得到更多的生产剩余。然而不应当将高质量发展仅仅理解为经济问题，因为从微观上考察，微观经济主体的利润最大化有可能损害劳动者利益，还有可能造成外部的不经济性，追求短期利益而牺牲长远利益，破坏生态环境，因为垄断而损害消费者利益，等等。所以，高质量发展应当是贯穿于生产、流通、分配和消费等社会再生产的全过程，覆盖经济增长、环境保护、资源利用、社会事业、国防安全等各个方面。所以，高质量发展必须贯彻创新、协调、绿色、开放、共享的新发展理念。

　　从经济发展的阶段性变化考察，1949~2049 年的 100 年，我国经济发展的历史进程将可以用"从无到有、从少到多、从大到强"十二个字来概括。已经过去的 70 年，我国经济发展完成了前两个阶段的转变，改变了旧中国"一穷二白"的落后面貌，奠定了社会主义工业化的基础，建立起以工业为主导的独立、完整的现代产业体系，经济总量位居世界第二，人均国民收入突破 1 万美元，贫困人口全部脱贫，如期全面建成了小康社会，实现了第一个一百年的奋斗目标。从现在起到 2049 年，我国经济发展的主要任务就是实现国民经济"从大到强"的转变，把我国建设成为工业、农业、科学技术和国防全面现代化的社会主义强国。

　　在到 2049 年实现第二个一百年奋斗目标的启航之际，2020 年 10 月 29 日，中共十九届五中全会审议通过了《中共中央关于制定国民经济和社会发展第十四个五年规划和二〇三五年远景目标的建议》，是引领我国"十四五"和到 2035

年远景目标的纲领性文件，提出以高质量发展为主题。

以高质量发展为主题，是我国社会经济发展阶段和发展趋势变化的客观要求。改革开放以来，我国经济持续高速增长，40 年 GDP 平均每年增长 9.6%，大多数工农业产品产量和交通运输量位居世界第一位，进出口贸易从 1980 年的 398 亿美元增长到 2019 年的 4.5 万亿美元。到"十二五"后期，我国开始出现传统制造业产能过剩。在经济高速增长的同时，矿产品、土地、水等资源性产品消耗与占用量过大，环境污染加重，高速增长不可持续的问题日益突出。从高速增长转向高质量发展是应对经济发展条件变化，克服经济发展不充分和不平衡矛盾的必由之路。

以高质量发展为主题，必须坚持创新在我国现代化建设全局中的核心地位，把科技自立自强作为国家发展的战略支撑。改革开放以来，我国通过利用外资、引进技术、购买专利和学习、消化吸收再创新，显著缩小了与工业先进国家之间的差距，形成和发展了电子信息、生物工程、新能源、现代交通运输设备制造业、航空航天设备制造业等技术密集型的新兴产业。但是必须知道，我国制造业的效率以及高新技术产业的产业链、关键与核心技术等方面，与工业先进国家还存在诸多差距。2019 年我国制造业增加值约 40018 亿美元，比美国制造业增加值高出 60%。我国制造业的从业人员 1.1 亿人，是美国制造业从业人员的 10 倍。我国制造业员工的名义工资虽然只有发达国家的 15%，但制造业劳动生产率分别是美国的 19%、日本的 33% 和德国的 31%。中国制造业的劳动生产率与美国、日本和德国存在显著差距，其主要原因是制造业的技术结构差距导致的，即附加值高、技术密集型的高端制造业比重低，关键技术受制于人。

产业结构是生产要素配置效率的决定性因素。我国生产部门产业结构有两个突出的短板。一是在三次产业中石油和天然气、高品位铁矿石、大豆等资源性产品供给不足，需要大量进口。2019 年进口的石油天然气占国内消费量的 70%，约 2400 亿美元；进口铁矿石 10.68 亿吨，价值 1000 亿美元；进口大豆 9000 多万吨，价值 400 亿美元。上述三类大宗产品进口额合计 3800 亿美元。国内的资源禀赋条件决定了我们不得不大量进口这些资源密集型产品。这种状况短期内还难以改变。二是高端制造业比重低，而且在高端产业链中，关键性的技术、材料、元器件和设备受制于人，存在诸多"卡脖子"的环节。由于购买技术和进口关键产品的国际贸易条件恶化，严重阻碍我国高附加值的技术密集型产业的发展。科技部门筛选了在我国高端制造业中，与国外有较大差距并依赖进口的关键材料、设备、元器件和软件等，包括光刻机、高端芯片、人工智能传感器、手机射频器件、手机和电脑操作系统、民用大飞发动机、燃料电池和关键材料、重型燃气轮机、高档汽车发动机等 30 多项"卡脖子"的关键技术。2019 年我国进口芯片总额 3120 亿美元；每年进口的大型民用客机约 300 架，价值 380 亿美元。仅这两类产品进口额就达 3500 亿美元。如果我国在高端制造业领域主要依靠自主制造，每年可以减少 5000 亿美元用于进口技术密集型产品的外汇支出。克服高端制造业的技术短板，可以有效地缓解资源密集型产品供给不足，在国际贸易中，为进口资源密集型产品增加回旋余地，平抑国内食品、油气和房地产价格，降低消费品物价指数，提高人民群众的生活水平。

美国对华贸易战已从加征中国出口商品关税为重点转向对关键技术和元器件的控制与断供，并鼓动其他工业先进的西方国家对华进行技术封锁，我国高技术产业发展的国际合作环境与引进技术的条件显著恶化。外部环境的大变局迫使我们亟须把创新放在我国现代化建设中的核心地位，把科技自立自强作为国家发展的战略支撑，把"卡脖子"的清单作为攻坚克难的重点，下决心改变关键技术受制于人的局面。

创新发展，首先需要认识科学创新与技术创新的联系与区别，遵循科技创新的规律性。在社会化大生产的条件下，科技创新分为科学创新和技术创新两个领域，以及科学发现、技术发明和科技创新成果产业化三个阶段。发现的目的在于认识世界，即揭示从宏观到微观的物质世界的存在方式及其运动规律，主要是从事基础理论研究工作的科学家的责任和工作重点。发明的任务是根据科学发现所揭示的规律，通过工程技术手段，研制成新材料、新产品或新的生产工艺流程。发明主要是在工程技术层次上的创新。技术创新成果的工程化、产业化和市场化是科技创新的最终目标。科技创新成果需要有企业家把各种生产要素组织起来，把创新成果转化为现实的生产力，并进行规模化生产。

科技创新必须从现阶段的经济发展和国防现代化的重大需求出发，以硬科技创新为引领。2018 年我国发表的自然科学论文数达 30 万篇，超过美国的 28 万篇、德国的 6.7 万篇和日本的 6.5 万篇，但在高端制造业的关键技术领域，与美国、德国和日本仍存在较大差距，核心问题是硬科技创新不足。硬科技是指能够提高物质产品生产效率的科学技术，是能够改进物质产品生产的材料、设备、工艺、零部件、元器件和终端产品性能的技术。硬科技是推进工业、农业、交通运输业、建筑业、环境治理和保护、信息产业、武器装备制造业现代化的高新技术，是能够提高我国国际产业分工地位和国际贸易竞争力的技术。

技术创新必须以企业为主体。企业是从事生产经营的单位，面对的是竞争性的市场，能够较准确地把握市场需求和技术创新方向，具有将技术创新成果进行验证、改进、完善和工程化中试能力，进而实现产业化、规模化和市场化。现阶段我国高端制造业的短板其主要障碍不是科学理论问题，而是材料、设备和工艺等硬科技问题，主要由企业家和工程师解决，研究所和科学家的分工决定了他们不是解决工程技术问题的主体。

从具有代表性的创新型企业考察，华为之所以在电子通信设备制造业处于全球领先地位，首先是华为在主营业务领域持之以恒地进行技术创新，每年研发投入占企业营业收入的15%，高于苹果公司的4.6%，三星公司的7.73%，谷歌的13.5%，微软公司的13.95%；华为研发人员8万人，占公司员工总数的45%。其次，华为始终坚持电子通信设备制造和研发的主业，不在房地产和资本市场进行投机；华为员工能够分享公司的股权和盈利，建立了有效的企业员工激励机制，保持了企业的凝聚力和依靠创新发展的动力。由于华为公司在5G和手机制造业领域处于世界领先地位，美国特朗普政府为遏制和打压中国先进技术和高端制造业的发展，不顾互惠互利的国际合作规则，对华为实行技术封锁和关键元器件断供。华为公司的手机生产在产业链中处于下游，上游所需要的关键元器件需要外部的产业配套和国际采购。华为等高端制造业要突破困境，不是基础理论研究机构能够解决的，而是要依靠能解决设计、材料、设备和工艺等工程技术难题的企业。因此创新驱动必须实行社会化的分工与合作。现代科学技术发展和工业化大生产的显著特点是科学技术的交叉与融合，任何企业都很难独立地完成技术创新、零部件制造和生产的全过程，因此需要依托社会化分工、协同与合作。根据产业链的特点，从设计、材料、设备、工艺、关键零部件、总成等各个环节，在全国范围内布局，选择不同环节中具有优势的企业和科研院所，按照总体目标的要求，分别承担其中某一环节的研发、攻关和配套任务，最后由具有综合技术实力的龙头企业集成。

我国经济发展正在从高速增长转向高质量发展，经济增长将从发展中国家的中上收入水平迈进高收入的门槛。国民经济与社会发展的"十四五"规划即将实施，2035年基本实现社会主义现代化远景目标的征程也已开启，到2049年实现第二个一百年的奋斗目标还有不到30年的时间。机不可失，时不我待。我们要有紧迫感，树立危机意识，增强进取精神，坚持高质量发展这个主题不放松、不动摇，不畏难，向着既定的目标努力奋斗。

在《首都高质量发展研究》出版之际，围绕以高质量发展为主题进行讨论，以作为本书的序。

吕政[①]

2020年11月2日

---

① 吕政，著名经济学家，中国社会科学院学部委员，中国社会科学院经济学部副主任、研究员。

前　言

　　高质量发展研究是一个具有现实意义和理论价值的研究课题。从发展经济学来看，由高速增长转向高质量发展是后发追赶型现代化过程中一个特有的现象。当前，中国已全面进入提质增效的高质量发展阶段。而进入高质量发展阶段，经济发展理论的主要任务是揭示由中等收入国家向高收入国家发展的进程和规律，并且为跨越"中等收入陷阱"提供理论指导。按此要求构建的高质量发展理论主要涉及四个方面：一是调整发展的目标，不仅让经济发展目标更为全面，而且让社会发展目标、环境发展目标也成为发展的重要目标；二是转变发展方式，依靠创新驱动，不能把低收入国家向中等收入国家所采取的发展方式延续到中等收入阶段——新的发展不仅需要科技创新驱动，而且需要绿色创新驱动；三是树立以人民为中心的发展思想，指导高质量发展就要摆脱贫困的发展经济学转向富裕人民的经济学——中等收入阶段富裕人民不仅是提高人民的收入，还涉及增加居民的财产性收入，能够享有更多的公共财富，扩大社会保障覆盖面，城乡基本公共服务实现均等化，推进社会保障高质量发展；四是进一步缩小区域差距，逐步实现共同富裕，推进区域高质量发展。这些发展目标不仅反映的是中等收入国家发展阶段特征，也是高质量发展的根本要求。

　　基于此，亟须建立高质量发展的经济发展目标、社会发展目标、环境发展目标。本书从"理论逻辑—实践逻辑"的思路出发，主要研究两个层次的问题：第一层次，理论逻辑。依据高质量发展的内涵与特征，对高质量发展的内涵进行界定，从高质量发展的含义与特征出发，分析高质量发展要义，研究其形成机理。提出高质量发展的战略命题——经济增长是经济高质量发展的基石，结构优化是经济高质量发展的核心，效率提升是经济高质量发展的关键，创新驱动是经济高质量发展的动力，环境质量是环境高质量发展的有效供给，污染减排是环境高质量发展的有效手段，资源利用是环境高质量发展的有效路径，环境管理是环境高质量发展的有效保障，民生优化是社会高质量发展的重要基点，城乡统筹是社会高质量发展的内在要求，社会和谐是高质量发展的温暖底色。本书分别从经济高质量发展、环境高质量发展和社会高质量发展建构了区域高质量发展衡量指标。经济高质量发展由 25 个指标构成；环境高质量发展由 20 个指标构成；社会高质量发展由 25 个指标构成。高质量发展总指数由 70 个指标构成。第二层次，实践逻辑。主要研究首都高质量发展的实现机制；评价北京环境高质量发展，并在省域层面进行比较，提出对策建议。在环境高质量发展研究中，比较了伦敦、东京的环境高质量发展经验，给出了启示；进一步地，研究了科技赋能环境高质量发展。全书主要建构了高质量发展的"三维度、六特征、系统指标体系"，提出面向"十四五"的高质量发展的十大战略趋向。全书共分为 14 章。第 1 章为导论；第 2 章为理论基础，包括：中国特色社会主义政治经济学、发展经济学理论、可持续发展理论、生态经济学、系统理论等；第 3 章为高质量发展十大战略趋向纵论；第 4 章为高质量发展核心要义；第 5 章为部分发达国家首都高质量发展启示，包括：东京环境高质量发展的经验与启示、伦敦环境高质量发展的经验与启示；第 6 章为衡量高质量发展的维度，提出高质量发展评价指标体系的三个维度，分别为经济高质量发展、环境高质量发展和社会高质量发展；第 7 章为区域高质量发展指数建构；第 8 章为区域环境高质量发展指标解读，本章主要是对环境高质量发展的指标进行解读，提出构建的原则、过程及方法；第 9 章为全国环境高质量发展评价，测评中国 30 个省级行政区环境高质量发展综合指数，并从环境质量、污染防治、资源利用、环境管理进行了对比分析；第 10 章为北京环境高质量发展评价，基于构建的环境高质量指标体系，构建北京市 2005 ~ 2017 年的环境高质量发展指数时间序列数据，对获取的北京市环境高质量发展指数时间序列数据进行细致解读，将北京市环境高质量发展指数与指标较优的省级行政区环境高质量发展指数进行对比分析；第 11 章为科技赋能环境高质量发展研究；第 12 章为新兴绿色产业促进高质量发展研究，指出培育壮大新兴绿色产业是推进经济高质量发展的有效路径；第 13 章为环境与健康协同促进高质量发展研究，量化评价环境规制政策对环境与健康产生的协同效应；第 14 章为全书的主要结论。

全书的研究主题是"首都高质量发展"，关键词是"创新驱动首都高质量发展"。北京市科学技术研究院近年来加强"创新驱动首都高质量发展"的系统性研究。2019 年，研究与发布了《首都高质量发展指数》总报告及《首都环境高质量发展指数报告》；2020 年，研究"北京新经济指数"，重点研究智能经济支撑北京高质量发展机理；2021 年，将研究和发布"北京产业高质量发展指数"，重点研究创新引领的北京产业高质量发展驱动机制。北京市科学技术研究院依托《科技创新驱动首都高质量发展研究》系列研究，持续出版了《首都高质量发展报告》蓝皮书，举办"首都高质量发展研讨会"，不断扩大"创新驱动首都高质量发展研究"影响力，积极为首都发展献言献策！2020 年，本书依托的项目——《首都高质量发展指数研究及环境高质量发展评价》在 2020 年的绩效评价为优秀。依托此项目，还发布了《首都高质量发展指数报告 2019》，北京市科学技术研究院联合清华大学举办了首届"首都高质量发展研讨会"，研究成果受到北京市领导及委办局的关注，有力扩大了科技创新智库的影响力。

出版成果是智库联系社会的反映。希望本书得到各界读者的指导，以便在后续研究中日臻完善！

作者

2020 年 10 月 15 日

目　录

1 导论

高质量发展研究，是一个具有现实意义和理论价值的研究课题。在导论部分，首先就选题背景与意义、相关概念及内涵进行界定，其次重点介绍研究思路与方法、分析框架与研究内容，最后对创新之处进行总结与分析。通过导论介绍，更加清楚本书的基本思路与内容，为本书的深入研究提供了路线图。

1.1 研究背景

从国际背景说，从高速增长转向高质量发展是后发追赶型现代化过程中一种特有的现象；从经济发展史来看，中国经济发展经历了一个从高速增长阶段逐步转变为高质量发展阶段的过程。

1.1.1 高质量发展的国际背景

从发展经济学来看，由高速增长转向高质量发展是后发追赶型现代化过程中一个特有的现象。近年来，特别是"二战"以来，世界各国的经济发展主要可以分为两类：一类是技术前沿国家的创新引领式的增长，另一类是落后国家或经济体的追赶性增长。前一种增长主要依靠新的技术突破和人口的自然增长。因此尽管在技术取得重大突破时，也可以实现较快的增长，但长期来看，增长的速度比较平稳和缓慢。比如美国在过去的大约 180 年的时间里，平均增长率为 3% ~ 4%，其中一半是技术进步的因素，另一半是人口增长的因素。虽然这种增长也会由于经济周期重大技术突破，或者其他经济社会重大事件的影响出现比较大的波动，但总体而言是比较平稳和缓慢的，发展过程中谈不上明显的阶段变化，也不会出现所谓的从高增长阶段向高质量发展阶段的转变。

后一种增长是由于后发优势的存在和作用，常常能够在一段时间里实现比技术前沿国家高得多的增长速度。譬如，20 世纪 50 ~ 60 年代的日本和 20 世纪 70 ~ 80

年代的韩国，这种增长属于追赶型增长或者压缩性高增长①。我国改革开放以来的经济高速度增长就属于后一种增长。那么，为什么这种增长会出现明显的阶段性的变化？这是因为，在追赶型经济增长过程中，随着发展水平的提升，后发优势会逐渐地减弱。如果追赶成功，达到或者接近技术前沿国家的发展水平，后发优势就会明显消失，潜在增长率就会收敛到技术前沿国家的水平。而且越接近技术前沿国家的水平，要实现高增长就越难。这时候后发优势就变得比较弱小，已经不足以支撑数量性高增长。因而增长越来越依靠创新驱动，特别到了比较接近高水平国家门槛的中等收入阶段，更是如此。我国当前正处于这样的一个阶段。

对于追赶型经济体而言，能否成功转向高质量发展，不单是一个经济持续发展的问题，还是一切决定国家命运前途的大事——这就是我们常常说的"中等收入陷阱"的问题。国际经验表明：一个国家和地区人均国民收入达到 3000～12195 美元阶段，是处于中等收入向高等收入过渡的机遇期，也是处于多样矛盾的集中爆发期。自 20 世纪 60 年代以来，全球 100 多个中等收入经济体中，约有 10% 的经济体跨越了"中等收入陷阱"，这些国家就是在经历高速增长之后，实现了从数量的扩张到质量型发展的根本转变。纵观不少发展中国家，尽管通过追赶和后发优势，取得数量上的增长，但与此同时也出现了诸多现实问题，如资源浪费严重、生态环境破坏、能源消耗高、结构失衡等问题，有的国家不能摆脱"中等收入陷阱"，面临着发展难题。以巴西为例，巴西的自然资源比较丰富，而人力资源的开发得不到应有重视，进入中等收入国家行列后，低技术产品逐渐丧失优势，以外源技术为基础的经济增长速度随着低成本优势的消退而放缓，这时候往往需要增强自主研发能力，巴西却受到人力资本和自身研发能力的限制，社会劳动生产率低下，产业和产品的转型升级缓慢，最终影响经济持续增长，1961～2015 年，巴西人均 GDP 出现了不同程度的负向增长，经济甚至下行到 4% 的界限。这启示我们：如果在中等收入期间不能顺利实现经济发展方式的转变，就会导致增长动力不足、经济结构不平衡、民生问题突出，经济出现徘徊或停滞，甚至是倒退的态势。同样对于中国而言，必须转变发展方式，迈向高质量发展。

1.1.2 高质量发展的国内背景

高质量发展，是中国共产党第十九次全国代表大会首次提出的新表述，表明中国经济发展取得了重大成就，正从高速增长阶段转向高质量发展阶段。

① 国务院发展研究中心课题组. 高质量发展的目标要求和战略重点 [M]. 北京：中国发展出版社，2019.

从中国经济发展史来看，中国经济发展经历了一个从高速增长阶段逐步转变为高质量发展阶段的过程，这并不是历史偶然，而是蕴含着历史发展进程的客观必然性和主体选择性。新中国建立初期，中国实施了有利于恢复和迅速发展经济的工业化战略目标，成效明显。1953～1978年，中国GDP总量由824亿元增加到3624.1亿元，是1952年的5.3倍，第二产业占国民经济的比重从23.4%增加到48.2%。1950～1978年，中国GDP增长率和人均GDP增长率分别为5.0%、2.9%，高于4.6%和2.7%的世界平均水平。但由于受计划经济体制弊端的影响，整体上仍处于贫困状态。党的十一届三中全会使改革的重点由农村逐步转向城市，建立社会主义市场经济体制逐步提上日程。高速增长是特殊历史发展时期的一个阶段，党和国家明确提出经济总量翻番的增长目标。在此目标的引领下，中国国民生产总值由1978年的3645亿元上升为2012年的518942亿元，1979～2012年，中国经济增速年均达到9.8%，而同一时期世界经济年均增速仅2.8%。但是，过分追求经济高速增长目标，经济发展质量必然受到影响。在一定条件下，经济增长目标每提高1个百分点，经济发展质量下降近1个百分点①。这说明，经济质量与经济数量存在辩证关系，合理地把握经济质量与经济数量的关系，是国民经济运行的重大关系。

从经济学来说，当经济发展水平较低时（低质量发展阶段），国民总效用会随着产出数量的增大而不断上升，而对产出质量和其他方面需求并不敏感，甚至产出质量、其他方面需求会对数量指标和效用产生负向影响；而经济发展到一定阶段后（高质量发展阶段），产出数量的边际效用递减，且呈加速趋势，最终不再对效用有提升作用，产出质量和其他方面需求对国民消费总效用的正向作用日渐明显，在一定阶段呈现效用提升特征，之后边际效应递减至平稳。

2012年，中国经济增速从上一年的9.55%下降到7.86%，正式告别9%以上的快速增长②。2016年降至6.74%，经济增长速度放缓。从国际经验来看：韩国、日本、新加坡等亚洲国家在追赶过程中也经历了经济增长速度从高速到中高速的转换，经济增速从高速下降了大约一半，期间通过经济结构调整和技术创新战略，实现了从中等收入向高等收入的跨越。如果这一阶段没有进行相应的调整，就会出现巴西等拉美国家出现的持续滞留于经济下行的问题。习近平同志在2015年博鳌亚洲论坛指出："我们看中国经济，不能只看增长率……聚集的动能

---

① 徐现祥，李书娟，王贤彬，毕青苗. 中国经济增长目标的选择：以高质量发展终结"崩溃论"[J]. 世界经济，2018（10）：24.

② 洪银兴. 论中高速增长新常态及其支撑常态[J]. 经济学动态，2014（11）：4.

是过去两位数的增长都达不到的。"① 这也说明了中国经济在下行压力的同时，聚集着发展的潜力。新常态下的中国经济，不再视单一的 GDP 增长速度为目标，而是在"两个翻番"的实现过程中重构新的增长模式——重塑新的发展源泉，向形态更高级、分工更优化、结构更合理的高质量发展阶段迈进。正如经济学家托马斯·皮凯蒂所言："高速经济增长只是工业化时期发生的一段特殊历史现象，当工业化完成后这种高速增长将不复存在。"②

当前，中国全面进入提质增效的高质量发展阶段。党和国家正是鉴于中国经济在新的历史发展阶段的变化，不失时机地提出追求高质量发展的新目标。中共十九大报告指出：新时代我国社会矛盾已由人民日益增长的物质文化需要与落后的社会生产间的矛盾，转向人民对美好生活的向往与不平衡不充分的发展之间的矛盾，主要矛盾的变化能够折射出物质文化需求的层次状态，不再是单纯地追求较低层次的物质文化需求，而是逐步转向高层次的需求态势，反映了我国进一步发展的主要限制已从落后的生产力转变为高质量的发展模式。这也要求我们：未来的经济发展中应当坚持以质量革命为主线不断发展生产力，日渐提升产品的供给能力和质量，尽力满足广大人民群众对高品质生活的强烈诉求。要解决新时期发展的不平衡和不充分，满足人民日益增长的美好生活需要，以高质量发展为发展战略，将实现高质量发展作为宏伟的战略目标予以推进。

1.2　高质量发展相关概念

1.2.1　经济发展质量

经济发展质量是一个动态的、多维的概念，是指一个国家或地区经济总量、经济效益、经济结构、经济分配、经济制度、经济环境等方面的发展变化的程度和可持续水平，包括经济总量增长程度、经济效益提升程度、经济结构优化程度、经济分配公平程度、经济制度文明程度、经济发展可持续程度等方面的内容。

——从横向维度看，经济发展质量是指一个国家或地区在一定时期内国民经济发展内在要素之间的优劣程度——即经济内部以及经济与社会之间关系的协调状态，包括经济增长质量、经济结构质量、经济制度质量、经济环境质量等。

---

① 习近平.迈向命运共同体开创亚洲新未来［N］.人民日报，2015 - 03 - 29（01）.
② 托马斯·皮凯蒂.21 世纪资本论［M］.北京：中信出版社，2014.

——从纵向维度看，经济发展质量可分为微观经济质量、产业经济质量和宏观经济质量。其中，微观经济质量是指微观层面上的产品、市场、企业、创新等方面的发展程度；产业经济质量是指中观层面上的产业方面的优化程度；宏观经济质量是指宏观层面上的宏观均衡、国民分配、绿色发展及调控能力的发展程度。

经济发展质量，虽然能够在一定程度上从质的视角揭示经济增长的品质优劣，但经济发展质量内涵的深度与广度相对弱于高质量发展。高质量发展被视为比经济发展质量范围更宽、要求更高的质量状态，更能体现新时代的新思想与新变化，包含了经济高质量发展、社会高质量发展、环境高质量发展等诸多方面的内容。

1.2.2 高质量发展

高质量发展是一种新的发展理念、一种新的发展方式，也是新的发展战略，更是经济发展理论（发展经济学）的重大创新。高质量发展是满足人民日益增长的美好生活需求的发展，是新发展观的具体体现。它强调民生的重要性、环境的重要性，是一种包容的、普遍的发展，也是一种实现经济、社会和环境同步的"共同进化"的发展，能够更好地满足人民不断增长的真实需要。这种发展方式不仅要注重生产的有效性和发展的公平性，而且考虑生态环境建设以及人的全面发展[1]。

1.2.2.1 高质量发展的战略性

高质量发展的战略性有以下四个方面：

第一，高质量发展是新的发展理念。它是以创新为第一动力、协调为内生特点、绿色为普遍形态、开放为必由之路、共享为根本目的的发展。

第二，高质量发展是新的发展方式。不再是简单的生产函数或投入产出问题，核心是发展的质量。发展的质量远不只是产出的质量，而是具有更丰富的内涵和发展要义——它要求人民对美好生活的需要将会不断的得到满足。在高质量发展阶段，人们的闲暇偏好增加，对生活品质的需求在不断提高。新时代下人们期盼有更好的教育资源、更完善的基础设施、更高水平的医疗卫生条件和更优美的居住环境。而这一切就需要我们放弃对手速度的偏好，更加重视高质量发展，从而实现人民生活质量的长期提高。同时，科技创新成为驱动高质量发展的第一动力。我国经济过去的高速增长是通过要素投入，粗放型经济增长的路径来实现

---

① 黄群慧. 改革开放 40 年经济高速增长的成就与转向高质量发展的战略举措 [J]. 经济论坛，2018 (7)：14 - 17.

的。这种路径在促进经济增长的同时，在一定程度上造成了资源、能源、生态和社会问题，是经济增长缺乏可持续性，缺乏创新能力；同时创新能力的不足不仅制约了经济的发展，而且会阻碍经济结构的转型升级。重要的还在于，创新能力制约缺乏，制约了经济的竞争力。虽然我国研发总支出已经居于世界前列，但整体的科研创新能力仍有待提升。在高速增长阶段，很多行业主要还是依靠低水平重复建设和价格战来争夺市场的缺乏竞争力，这显然与高质量发展的要求背道而驰。在高质量发展的背景下，创新成为驱动高质量发展的第一动力。在高质量发展阶段，科技教育体制改革将得到全面深化，科技成果转化能力显著提升，科研人员流动的体制机制障碍也会得以破除。这样，在科技创新的推动下，全要素生产率能跨上新的台阶，从而实现发展方式的真正转变。

第三，高质量发展是新的发展战略。旨在推动中国速度向中国质量转变，中国制造向中国创造转变，中国产品向中国品牌转变，产业链中低端向中高端跃升，实现中国经济发展质量、发展水平、发展层次的全面跃升①。

第四，高质量发展是重大战略创新。高质量发展，是习近平新时代中国特色社会主义思想的重要内容，是推动发展理念、发展方式、发展战略的全面创新。

1.2.2.2 高质量发展的广义与狭义理解

本书认为，高质量发展有狭义和广义的理解。从狭义上说，高质量发展一般指经济高质量发展，表现为高质量的经济增长、高质量的资源配置以及高质量的投入产出。从广义上说，高质量发展更强调经济效益、社会效益与环境效益的结合，体现人与经济社会的包容性增长。包括高质量的生态环境和高质量的社会保障。因此，高质量发展是指一个国家或区域经济社会发展在数量增长的基础上，实现更高质量、更有效率、更加公平、更可持续的发展，包含经济高质量发展、社会高质量发展和环境高质量发展。

——从经济维度，高质量发展的首要目的是经济发展，其核心是在保持一定经济增长的前提下，通过结构优化、效率提升及创新驱动，实现全要素生产率的提高，加快实现经济发展质量变革、效率变革和动力变革。

——从社会维度，高质量发展强调以社会主要矛盾为基本出发点，重在"质量变革、效率变革、动力变革"。

——从环境维度，高质量发展强调在经济增长的基础上和生态承载能力范围内，通过合理高效配置资源，形成经济、社会、环境和谐共处的绿色、低碳、循环发展过程，最终实现可持续发展的要求。

---

① 田秋生. 高质量发展的理论内涵和实践要求 [J]. 山东大学学报（哲学社会科学版），2018（6）：1-2.

经济社会高质量发展容易理解，为什么环境也要高质量发展？环境高质量发展，实际上是指自然生态环境、自然生态系统的高质量发展。自然生态系统是指在一定时间和空间范围内，依靠自然调节能力维持的相对稳定的生态系统。在自然或人为因素驱动下，自然生态系统会发生演替，其相应的结构与功能也会发生变化。一般而言，不同阶段的自然生态系统存在质量的高下之分。

虽然高质量发展更多地强调经济高质量，环境高质量发展对经济高质量发展存在重要的促进作用。促进作用表现为以下两个方面：第一，自然生态系统是社会经济系统的承载本体，其发展质量的高下在很大程度上也决定了社会经济系统的高质量与否；第二，生态环境因素可以通过适当的政策渠道内化到社会经济系统中，典型的例子包括环境税、排污许可、生态补偿等，环境管治的不同模式与手段会影响到经济高质量发展的方向和速度。

若从内涵层面对高质量发展进行解读，高质量发展将有别于过往以量为先的经济发展，它不仅仅关注经济增长，同时关注资源、环境、生态、社会等，将环境高质量发展等充分纳入了内涵。而在目标层面上，高质量发展提出了"努力实现更有效率、更可持续的发展"，即要求以更少的资源投入创造更多的价值，并考虑发展在代际间公平性，这与生态环境保护、生态文明建设具有内在统一性。总体而言，环境高质量发展与经济高质量发展之间存在着良性的互动关系。

与环境高质量发展相关的概念，包括可持续发展概念、生态文明概念、绿色经济概念、低碳经济概念、循环经济概念等。各相关概念之间的关系图谱如图1-1所示。

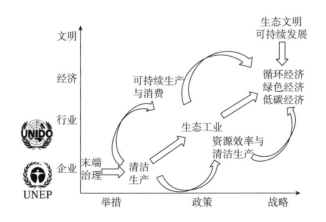

图1-1 环境高质量发展相关概念间关系图谱

自1962年Rachel Carson以《寂静的春天》唤醒人类环境保护的集体意识依赖，污染预防和可持续发展的原则在实践中不断地得到延伸、拓展和深化。一方面，环境保护在时空尺度不断得到扩大，从企业层面延伸至行业、经济乃至于文明层面，最终促成了生态文明概念的出现。如 1990 年初期推动清洁生产；2000年推动生态工业和循环经济的发展；2010 年后开始推动生态文明发展。而另一方面，环境保护在影响方式上从企业的自发举措不断升级至国家政策，乃至于全球战略。

各概念的发展历程及定义如下：

——清洁生产。清洁生产的概念，最早可追溯到 1976 年。1976 年，欧共体在巴黎举行"无非工艺和无非生产国际研讨会"，会上提出了"消除造成污染的根源"的思想；1979 年 4 月，欧共体理事会宣布推行清洁生产政策。

国际公认的清洁生产定义源于联合国环境署，即"清洁生产是一种新的创造性思想，该思想将整体预防的环境战略持续应用于生产过程、产品和服务中，以增加生态效率，减少对人类及环境的风险"。具体地，清洁生产要求生产过程"节约原材料和能源，淘汰有毒原材料，削减所有废物的数量和毒性"，要求产品"减少从原材料提炼到产品最终处置的全生命周期的不利影响"，要求服务"将环境因素纳入设计和所提供的服务中"①。

——生态工业。生态工业的学科基础是工业生态学。工业生态学因人们思考和缓解产业系统对生态系统的胁迫而产生。一般认为工业生态学起源于 20 世纪80 年代末 R. Frosch 等模拟生物的新陈代谢过程和生态系统的循环再生过程所开展的"工业代谢"研究。1990 年美国国家科学院与贝尔实验室共同组织了首次"工业生态学"论坛，对工业生态学的概念、内容和方法及应用前景进行了全面系统的总结，基本形成了工业生态学的概念框架②。

根据联合国工业发展组织 1991 年 10 月提出的"生态可持续性工业发展"（Ecological Sustainable Industrial Development）概念，生态工业指一种对环境无害或生态系统可以长期承受的工业发展模式。生态工业和传统工业的区别主要在于力求把工业生产过程纳入生态化的轨道中，把生态环境的优化作为衡量工业发展质量的标志③。

——可持续发展。可持续发展的思想最早在 17 世纪欧洲进行森林管理论述时诞生④。1987 年世界环境与发展委员会（World Commission on Environment and

① 段宁. 清洁生产、生态工业和循环经济 [J]. 环境科学研究，2001（6）.

② 石磊. 工业生态学的内涵与发展 [J]. 生态学报，2008，28（7）：3356 –3364.

③ 肖焰恒，陈艳. 生态工业理论及其模式实现途径探讨 [J]. 中国人口·资源与环境，2001，11（3）.

④ Grober U. Deep Roots：A Conceptual History of "Sustainable Development"（Nachhaltigkeit）[J]. Discussion Papers Presidential Department，2007.

Development，WCED）发表的报告《布伦特兰报告》（又名《我们共同的未来》）首次明确提出了可持续发展概念，并对其进行了系统的阐述，即"可持续发展是既满足当代人的需求，又不对后代人满足其需求的能力构成危害的发展，它包含两个重要的概念：需要的概念，尤其是世界各国人们的基本需要，应将此放在特别有限的地位来考虑；限制的概念，技术状况和社会组织对环境满足眼前和将来需要的能力施加的限制"①。该概念是迄今为止接受最为广泛且影响最大的可持续发展概念。《布伦特兰报告》之后，可持续发展的概念在其基础上得到了充实与完善。经济学家 René Passet 在 1979 年提出了以社会、环境、经济为重点的可持续发展三维框架模型，该三维结构也为联合国所使用②。本书将使用他的模型进行分析。David Brown、Paul James 等则将可持续发展的内涵扩展到了生态、经济、政治、文化四个方面③。

——生态文明。生态文明的概念，最早在 1984 年由苏联环境专家提出。但直到 2007 年，生态文明成为中国的重要发展目标后，该概念才开始广泛传播并逐渐成为热门的研究领域。生态文明是人类文明发展到一定阶段的产物。生态文明是指人类遵循人、自然、社会和谐发展这一客观规律而取得的物质与精神成果的总和，是指人与自然、人与人、人与社会和谐共生、良性循环、全面发展、持续繁荣为基本宗旨的文化伦理形态。

建设生态文明，就是要以资源环境承载力为基础，以自然规律为准则，以可持续发展、人与自然和谐为目标，建设生产发展、生活富裕、生态良好的文明社会④。

2007 年 10 月，党的十七大报告首次提出，要"建设生态文明，基本形成节约能源资源和保护生态环境的产业结构、增长方式、消费模式……生态文明观念在全社会牢固树立"。2012 年 11 月，党的十八大报告做出"大力推进生态文明建设"的战略决策，全面阐述了生态文明建设的各方面内容，把生态文明建设提升到了前所未有的高度。2015 年 5 月，《中共中央　国务院关于加快推进生态文明建设意见》发布，提出生态文明建设的基本原则和主要目标。2015 年 9 月，国务院《生态文明体制改革总体方案》印发，为建立系统完整的生态文明制度

① Cassen R H. Our Common Future：Report of the World Commission on Environment and Development ［J］. International Affairs，1987，64（1）：126.

② United Nations Department of Economic and Social Affair. Prototype Global Sustainable Development Report ［R］. New York：the United Nations，2014.

③ Brown L D. Bridging Organizations and Sustainable Development ［J］. Human Relations，1991，44（8）：807－831.

④ 张高丽. 大力推进生态文明　努力建设美丽中国 ［J］. 求是，2013（24）：3－11.

体系、加快推进生态文明建设提供方案指导。2015 年 10 月，党的十八届五中全会的召开将增强生态文明建设首次写入了国家五年规划。

——绿色经济。绿色经济的概念，最早在 1989 年由英国环境经济学家 David Pearce 在其著作《绿色经济的蓝图》中提出。彼时，David Pearce 尚未对绿色经济进行明确定义，而仅仅认为"绿色经济蓝图是从环境的角度，阐释了环境保护及改善的问题"[①]。

2007 年，联合国环境规划署等国际组织在《绿色工作：在低碳、可持续的世界中实现体面工作》工作报告中首次定义绿色经济，即"重视人与自然、能创造体面高薪工作的经济"[②]。2010 年，联合国环境规划署再次定义了绿色经济，即"带来人类幸福感和社会的公平，同时显著地降低环境风险和改善生态缺乏的经济"[③]。这一定义成为当前被广泛接受的对绿色经济概念的解释[④]。

——低碳经济。低碳经济，最早源于英国在 2003 年发布的"能源白皮书"《我们未来的能源———创建低碳经济》。"能源白皮书"指出，低碳经济是通过更少的自然资源消耗和更少的环境污染，获得更多的经济产出；低碳经济是创造更高的生活标准和更好的生活质量的途径和机会，也为发展、应用和输出先进技术创造了机会，同时也能创造新的商机和更多的就业机会。低碳经济提出后立即引起广泛关注，学术界对低碳经济的内涵及发展模式进行了广泛的讨论。庄贵阳认为低碳经济就是最大限度地减少煤炭和石油等高碳能源消耗的经济，建立以低能耗、低污染为基础的经济，其实质是能源效率和清洁能源结构问题，核心是能源技术创新与制度创新，目标是减缓气候变化和促进人类的可持续发展。2009年《中国发展低碳经济途径研究》将"低碳经济"界定为："一个新的经济、技术和社会体系，与传统经济体系相比在生产和消费中能够节省能源，减少温室气体排放，同时还能保持经济和社会发展势头"，是能源和减排的技术创新、产业结构优化和制度创新的一种全新的经济增长模式。潘家华等提出低碳经济是通过技术和制度创新来提高能源使用效率，并使能源结构由重转轻。林伯强定义低碳经济是"一种既考虑发展又考虑可持续的经济增长方式"。牛文元等提出，低碳经济是产业结构调整、生产技术提高、能源结构改善、生活观念改变等一系列调

① 大卫·皮尔斯等. 绿色经济的蓝图［M］. 北京：北京师范大学出版社，1997.

② UNEP et al, Green Jobs. Towards Decent Work in a Sustainable, Low Carbon World ［R］. Nairobi, 2008.

③ UNEP. Green Economy：Developing Countries Success Stories ［J］. Resources Environment Inhabitant, 2010.

④ 诸大建. 绿色经济新理念及中国开展绿色经济研究的思考［J］. 中国人口·资源与环境，2012，22（5）：40 – 47.

整的结合，本质就是低碳发展，改善全球的生态环境。

基于上述学者们对低碳经济的定义和解释，低碳发展就是基于可持续发展理念，通过节能减排等手段实现能源消费模式的节约化、降低以二氧化碳排放为代表的温室气体排放水平，实现经济社会发展和环境保护相协调；其主要特征可归纳为"低能耗、低污染、低排放"和"高效能、高效率、高效益"。它不仅是支持绿色发展的重要手段，而且是实现绿色发展的基本要求。因此，从狭义上讲，低碳发展是在保持经济增长的同时，实现能源消费模式的节约化和低碳化、降低以二氧化碳排放为代表的环境污染水平，以实现经济和社会的可持续发展。从宽泛的意义上说，低碳发展不仅要求在经济增长的同时持续地降低能源消耗和二氧化碳排放，也包含了资源的充分利用、污染物排放的降低和治理、消费模式的重构、国家政策以及相应的制度安排。①

——循环经济。循环经济（Circular Economy），是对物质闭环流动型（Closing Material Cycle）经济的简称。循环经济的建立依赖于"减量化、再使用、再循环（Reducing，Reusing，Recycling）"的"3R 原则"。该经济模式倡导将传统工业社会"资源—产品—污染排放"的线型经济流程转变为"资源—产品—再生资源"的反馈式流程，从而把经济活动对自然环境的影响尽可能地降到最低，实现可持续发展要求的环境与经济双赢②。

1.3 相关研究综述

1.3.1 高质量发展内涵的文献综述

关于高质量发展的内涵及要义，目前尚未达成共识③。

2018 年 1 月，国务院发展研究中心主任李伟提出，高质量发展有六大内涵：高质量的供给：推动高质量的供给，就是要提高商品和服务的供给质量。高质量的需求：促进高质量的需求，要促进供需在更高水平实现平衡。高质量的配置：实现高质量的配置，就是要充分发挥市场配置资源的决定性作用，完善产权制度，理顺价格机制，减少配置扭曲，打破资源由低效部门向高效部门配置的障

---

① 贾品荣，李科. 京津冀地区低碳发展的技术进步路径研究［M］. 北京：科学出版社，2017.
② 诸大建. 从可持续发展到循环型经济［J］. 世界环境，2000（3）：6－12.
③ 张帆. "高质量发展"的思考：内涵及发展路径［J］. 经济研究导刊，2018，371（21）：187－188.

碍，提高资源配置效率。高质量的投入产出：实现高质量投入产出，就是要更加注重内涵式发展，扭转实体经济投资回报率逐年下降的态势；在人口红利逐步消退的同时，进一步发挥人力资本红利，提高劳动生产率；提高土地、矿产、能源资源的集约利用程度，增强发展的可持续性；最终实现全要素生产率的提升，推动经济从规模扩张向质量提升转变。高质量的收入分配：实现高质量的分配，就是要推动合理的初次分配和公平的再分配。高质量的经济循环：促进高质量的循环，就是要畅通供需匹配的渠道，畅通金融服务实体经济的渠道，落实"房子是用来住的，不是用来炒的"要求，逐步缓解经济运行当中存在的三大失衡——供给和需求的失衡、金融和实体经济失衡、房地产和实体经济失衡，确保经济平稳可持续运行①。

2018 年 2 月，国务院发展研究中心副主任王一鸣在"从高速增长到高质量发展"的"中国经济 50 人论坛 2018 年年会"上发表演讲，提出所谓的高质量发展，从微观层面来看，通常是指产品和服务的质量；中观层面来看是产业和区域发展质量；宏观层面主要是指国民经济的整体质量和效益，通常也可以用全要素生产率去衡量。从投入产出关系来看，高质量是投入少、产出多、效益好的发展模式。其最根本还在于经济的活力、创新力和竞争力，因此，深化供给侧结构性改革是高质量发展的根本途径②。

2018 年 6 月，中国社会科学院学部委员汪同三在《人民日报》发表题为"深入理解我国经济转向高质量发展"的文章。汪同三提到：至少可以从以下三个方面理解高质量发展的具体含义：微观层次的高质量发展，包括提高产品和服务的质量、提高经营管理水平、积极鼓励创新创业。宏观层次的高质量发展，包括落实创新、协调、绿色、开放、共享的发展理念，实现和保持总体经济的平稳健康可持续发展；提高总体经济的投入产出效益，增强对各类经济风险的预判和识别能力。社会民生事业的高质量发展，包括教育、医疗、养老、社会保障等社会公共产品的数量和质量能够满足全体居民的需要；能够创造较为充分的就业机会，形成基本合理的收入分配体制机制，使居民总体收入稳定提高，中等收入群体不断壮大，基本消除贫困；社会风气积极向上，文化事业蓬勃发展，人们精神生活日益丰富，社会文明程度不断提高，社会氛围公平、公正、民主、和谐；绿色发展理念深入人心，生态环境得到充分保护，美好宜居，人与自然和谐相处③。

---

① 李伟. 高质量发展有六大内涵 ［EB/OL］.（2018－01－22）［2019－09－19］. http：//www. drc. gov. cn/xscg/20180122/182－473－2895401. htm.
② 王一鸣. 中国经济高质量发展面临的十大问题 ［N］. 华尔街见闻，2018－02－26.
③ 汪同三. 深入理解我国经济转向高质量发展 ［N］. 人民日报，2018－06－07.

李金昌等对高质量发展内涵进行过综合性的讨论，认为已有的相关研究文献对高质量发展内涵的观点大致能够分为三类：强调"五大发展理念"和社会主要矛盾。其中，"五大发展理念"是指党的十八届五中全会通过的《中共中央关于制定国民经济和社会发展第十三个五年规划的建议》提出的"创新、协调、绿色、开放、共享"的发展新理念；而社会主要矛盾，是指2017年习近平同志在党的十九大报告中所强调的"中国特色社会主义进入新时代，我国社会主要矛盾已经转化为人民日益增长的美好生活需要和不平衡不充分的发展之间的矛盾"。强调经济高质量发展，即将高质量发展作为能够更好满足人民不断增长的真实需要的经济发展方式、创新成为引领经济发展的首要生产力等。强调狭义广义或微观宏观的不同要求，即需要从微观层面、中观层面、宏观层面等多层面考察国民经济社会发展的整体质量。

同时，李金昌也提出，上述三类虽然存在一定的区别，但它们的整体意义指向一致，均以"满足人民日益增长的美好生活需要"为根本目的；以"五大发展理念"为根本理念，"创新""协调""绿色""开放""共享"缺一不可；以"高质量"为根本要求，涵盖微观层面至宏观才能的各领域、各环节；以"创新"为根本动力，不断提升综合效率；以"持续"为根本路径，不断优化各种关系[①]。

总结而言，在高质量发展的概念与内涵方面，当前研究大多将高质量发展等同于经济高质量发展，并用经济发展质量的类似指标去衡量高质量发展，没有深刻理解高质量发展的时代特征——习近平新时代中国特色社会主义思想及更深刻反映可持续发展理念。

1.3.2 高质量发展指标的文献综述

在国际研究方面，目前尚无专门针对高质量发展指标体系的研究。国内研究方面，针对国家或区域整体的高质量发展方面，如下研究得到了相应的展开：

复旦大学经济学院教授殷醒民认为，可以从全要素生产率、科技创新能力、人力资源质量、金融体系效率和市场配置资源机制五个维度构建高质量发展指标体系[②]。西北大学中国西部经济发展研究中心的任保平和李禹墨认为，应从长期与短期、宏观与微观、总量与结构、全局与局部、经济发展与社会发展等多个维度来构建高质量发展指标体系，并提出了经济增长速度、经济结构、创新成果质

① 李金昌，史龙梅，徐蔼婷. 高质量发展评价指标体系探讨［J］. 统计研究，2019，36（1）：3-14.
② 殷醒民. 高质量发展指标体系的五个维度［N］. 文汇报，2018-02-06（012）.

量和经济发展可持续性等高质量发展的绩效评价体系①。国务院发展研究中心研究员吕薇认为，建立高质量发展评价指标要实行总量指标和人均指标相结合，效率指标和持续发展指标相结合，经济高质量发展与社会高质量发展相结合。可考虑建立三类指标：一是反映要素生产率的指标，二是反映经济活力指标，三是体现以人民为中心、提高生产质量和幸福感的指标。同时强调，我国是人口和经济总量大国，应多采用人均指标；区域间经济社会发展不平衡，评价指标不能一刀切，应允许在总体框架下，各地因地制宜突出重点，使评价指标真正起到风向标和助推剂的作用②。上海交通大学上海高级金融学院教授朱启贵提出了由动力变革、产业升级、结构优化、质量变革、效率变革和民生发展6个方面共62项指标组成的评价指标体系③。李金昌等提出了由经济活力、创新效率、绿色发展、人民生活、社会和谐5个方面27项指标组成的我国高质量发展评价指标体系④。此外，还有许永兵等建立了由创新驱动、结构优化、经济稳定、经济活力、民生改善、生态友好等6个一级指标及共计24个二级指标构成的高质量发展指标体系，并对河北省2005～2016年高质量发展状况进行了测算及分析⑤。马茹等在深入剖析高质量发展内涵的基础上，构建了由高质量供给、高质量需求、发展效率、经济运行、对外开放5个一级指标及15个二级指标、28个三级指标构成的中国经济高质量发展评价指标体系，对2016年全国30个省级行政区的经济发展高质量程度进行了测算⑥。特别地，较多研究在"五大发展理念"的基础上对指标进行了构建，如史丹等基于"五大发展理念"构建了以创新驱动、协调发展、绿色生态、开放稳定、共享和谐5个一级指标、共包含62个基础指标的我国高质量发展评价指标体系，并对2000～2017年全国高质量发展变化情况进行测算，并与美国、英国、法国、德国、日本、韩国六个典型发达国家在劳动生产率、经济结构、生态环境、对外开放、收入分配等主题下进行了国家间发展程度的比较⑦。吴启明以市辖区为代表的城市经济为研究对象，构建了由创新发展、协调发展、绿色发展、开放发展、共享发展5个一级指标、15个二级指标及25个三

① 任保平，李禹墨. 新时代我国高质量发展评判体系的构建及其转型路径［J］. 陕西师范大学学报，2018（3）：102－113.

② 吕薇. 打造高质量发展的制度和政策环境［N］. 经济日报，2018－04－27（014）.

③ 朱启贵. 建立推动高质量发展的指标体系［N］. 文汇报，2018－02－06（012）.

④ 李金昌，史龙梅，徐蔼婷. 高质量发展评价指标体系探讨［J］. 统计研究，2019，36（1）：3－14.

⑤ 许永兵，罗鹏，张月. 高质量发展指标体系构建及测度——以河北省为例［J］. 河北大学学报（哲学社会科学版），2019，44（3）：86－97.

⑥ 马茹，罗晖，王宏伟. 中国区域经济高质量发展评价指标体系及测度研究［J］. 中国软科学，2019（7）：60－67.

⑦ 史丹，李鹏. 我国经济高质量发展测度与国际比较［J］. 东南学术，2019（5）：169－180.

级指标构成的市辖区高质量发展指标体系，选取全国55个市辖区进行了指标得分计算、排序及细分维度分析①。除了以全国或区域的社会经济高质量发展为评价对象进行指标体系构建，以特定行业的高质量发展评价为目的进行的指标体系构建研究同样得到了开展。

总结而言，自高质量发展提出以来，围绕其评价指标体系的一系列研究相继展开。特别地，进入2019年后，相关研究如雨后春笋般出现。已有相关学者对高质量评价发展体系的构建进行了初步探讨，或进一步针对特定区域进行了相关指数的测算、对比与评析。

在高质量发展评价指标体系的构建及评估方面，当前研究具有如下特点与不足：

一是高质量发展的指标体系构建仍处于百花齐放的状态，尚未形成统一通用的指标体系。

二是针对特定领域的指标体系构建方面，现有研究涉及的产业及领域包括制造业、服务业、自然资源保护等，尚无针对环境高质量发展开展的指标构建及分析研究。

三是尚无研究开展对除香港、澳门、台湾及西藏等数据较难获取区域以外的全国30个省级行政区高质量发展评价及比较的时间序列研究，研究空白亟待补充。

四是缺乏从数量扩张到质量型发展转变的国外城市的经验与启示，提出的指标体系最好能反映这些城市转型升级的内涵。

1.4　研究目标

中国进入中等收入阶段，经济发展理论就要指导经济实现现代化。其主要任务是揭示由中等收入国家向高收入国家发展的进程和规律，并且为跨越"中等收入陷阱"提供理论指导。按此要求构建的高质量发展理论，主要涉及四个方面：一是调整发展的目标，不仅仅让经济发展目标更为全面，而且让社会发展目标、环境发展目标也成为发展的重要目标；二是转变发展方式，依靠创新驱动，不能把低收入国家向中等收入国家所采取的发展方式延续到中等收入阶段——新的发展不仅需要科技创新驱动，而且需要绿色创新驱动；三是树立以人民为中心的发展思想，指导高质量发展就需要摆脱贫困的发展经济学转向富裕人民的经济

---

① 吴启明. 全国市辖区高质量发展指标体系研究［J］. 上海企业，2019（7）：68－72.

学——中等收入阶段富裕人民不只是提高人民的收入，而且涉及增加居民的财产性收入，能够享有更多的公共财富，扩大社会保障覆盖面，城乡基本公共服务实现均等化，推进社会高质量发展；四是进一步缩小区域差距，逐步实现共同富裕，推进区域高质量发展。这些发展目标不仅反映的是中等收入国家发展阶段特征，而是高质量发展的根本要求。

基于此，亟须建立高质量发展的经济发展目标、社会发展目标、环境发展目标。本书从三个维度建构高质量发展评价指标体系，提出高质量发展的十大战略趋向。由于在高质量发展中，生态环境具有优先性。在习近平同志提出"绿水青山就是金山银山"15周年（2020年）之际，本书在研究高质量发展的内涵、特征、评价的三个维度（经济高质量维度、社会高质量维度、环境高质量维度）的基础上，提出了环境高质量的四维内容及评价体系，对比东京等地环境高质量发展的经验，评价中国环境高质量发展，对首都北京的环境高质量发展进行了重点分析。

1.5　研究思路

本书从"理论逻辑—实践逻辑"的思路出发，主要研究以下两个层次的问题：

第一层次，理论逻辑。依据高质量发展的内涵与特征，对高质量发展的内涵进行界定，从高质量发展的含义与特征出发，分析高质量发展要义，研究其形成机理。构建区域高质量发展指数，有望丰富与深化高质量发展的内涵与外延。

第二层次，实践逻辑。主要研究首都环境高质量发展的实现机制；评价首都环境高质量发展，并在省域层面进行比较，提出对策建议。在环境高质量发展研究中，比较世界城市——伦敦、东京的环境高质量发展的经验，给出启示；评价北京环境高质量发展，从省域视角进行比较；进一步地，建立首都环境高质量发展的科技支撑体系，研究科技赋能环境高质量发展。

1.6　研究内容

全书共14章内容。第1章为导论；第2章为理论基础，包括：中国特色社会主义政治经济学、发展经济学理论、可持续发展理论、生态经济学、系统理论等；第3章为高质量发展十大战略趋向纵论，研究高质量发展的战略趋向，为高质量发展指明方向；第 4 章为高质量发展核心要义，包括：高质量发展的内涵、特征，经济高质量发展、环境高质量发展、社会高质量发展的内涵、特征；第 5 章为部分发达国家首都高质量发展启示，包括：东京环境高质量发展的经验与启示，伦敦环境高质量发展的经验与启示；第 6 章为衡量高质量发展的三个维度，提出基于可持续发展理念和新发展理念的高质量发展评价指标体系，该指标体系从三个维度评价区域高质量发展，分别为：经济高质量发展、环境高质量发展和社会高质量发展，并给出三个维度的衡量指标；第 7 章为区域高质量发展指数建构，分别从经济高质量发展、环境高质量发展和社会高质量发展建构了衡量指标，经济高质量发展由 25 个指标构成，环境高质量发展由 20 个指标构成，社会高质量发展由 25 个指标构成，高质量发展总指数由 70 个指标构成；第 8 章为区域环境高质量发展指标解读，对环境高质量发展的指标进行详细解读，提出指标体系构建的原则、过程及方法；第 9 章为全国环境高质量发展评价，测评中国 30 个省级行政区环境高质量发展综合指数，并从环境质量、污染防治、资源利用、环境管理方面进行了对比分析；第 10 章为北京环境高质量发展评价，基于构建的环境高质量指标体系，构建北京市 2005～2017 年的环境高质量发展指数时间序列数据，对获取的北京市环境高质量发展指数时间序列数据进行细致解读，将北京市环境高质量发展指数与指标较优的省级行政区环境高质量发展指数进行对比分析；第 11 章为科技赋能环境高质量发展研究，以环保高新技术产业园区为例分析；第 12 章为新兴绿色产业促进高质量发展研究，新兴绿色产业是产业持续健康发展的有力支撑，是推进经济高质量发展的有效路径；第 13 章为环境与健康协同促进高质量发展研究，从环境规制的视角，通过构建环境污染的中介效应模型，研究环境规制对环境质量的影响进而量化评价环境规制政策对环境与健康产生的协同效应；第 14 章为全书的主要结论及政策建议，主要建构了高质量发展的"三维度、六特征、系统指标体系"，提出面向"十四五"的高质量发展十大战略趋向。

1.7　研究方法

——逻辑演绎法。通过逻辑演绎法，归纳出高质量发展的理论框架、概念性框架。从哲学意义上说，逻辑就是思维的规律或者客观的规律性。高质量发展的逻辑就是对高质量发展的规律的探讨或者高质量发展的基本原理、逻辑以及实现路径的哲学思考。任何一门科学都有其内在的规律、逻辑和机理。社会科学的逻辑由其基本的概念框架、基本范畴及其关系所构成，并用这些概念框架明确社会经济运行的基本原理。高质量发展的逻辑就是对高质量发展的基本原理与内在规律的研究和探讨，为研究高质量发展的提升路径提供依据。

——系统分析法。按照系统论的观点，当经济增长系统的基础条件优良、各构成要素相互耦合、各利益主体之间与自然生态系统之间的关系协调均衡时，整体的经济社会系统呈现有序的高质量发展。本书运用系统分析法，建构了高质量发展的"三维度、六特征、系统指标体系"，提出面向"十四五"的高质量发展十大战略趋向。

——指数分析法。从环境高质量发展的理论内涵出发，建构环境高质量发展指数。环境高质量发展指数是一个复合概念，涉及多方面，且采用复合指标来度量。

——模型分析法。构建实证分析模型研究环境规制政策对健康水平的影响。本书收集省级层面的面板数据进行实证分析。这里需要结合面板数据模型估计技术和工具变量法来避免内生性问题，得到一致的估计结果。本书结合 Difference – In – Differences（DID）模型来评估环境规制政策的政策冲击效果。为了满足 DID 模型的关键假设——平行趋势假设，项目将结合倾向得分匹配法（PSM）构建 PSM – DID 模型来估计一致的政策效果参数。此外，还将设定更加一般的 DID 模型（如交互面板数据模型的设定，加入更多的控制变量等）来估计政策效果参数以验证政策效果的稳健性。

——比较分析法。运用比较分析法分析环境高质量发展。比较伦敦、东京环境高质量发展的经验，给出启示：如何提高全要素生产率对经济增长的贡献；发达国家首都经济发展如何度量资源利用和环境代价；如何制定和优化环境规制政策；首都经济圈视角下各城市如何协同减排；科技创新如何促进绿色低碳发展。同时，评价北京环境高质量发展；同时从省域视角进行比较。

1.8 研究创新点

创新点之一：建构了高质量发展的"三维度、六特征、系统指标体系"，提出面向"十四五"的高质量发展十大战略趋向。"三维度"是指经济高质量发展、环境高质量发展、社会高质量发展。经济高质量——就是在经济增长的基础上，通过结构优化使产业结构由劳动、资源密集型向知识技术密集型转变，通过效率提升使发展方式由粗放式向集约式转变，通过创新驱动使增长动力由要素驱动为主向创新驱动为主转变的变化过程；环境高质量——要求在利用和改造自然，以保障自身生存和发展的同时，尽量消解对自然环境的破坏和污染所产生的危害人类生存的各种负的反馈效应，促进绿色产业的发展，实现绿色可持续发展；社会高质量——体现以人民为中心的发展思想，通过民生优化、城乡统筹、社会和谐，给民众带来更大获得感、幸福感、安全感，能够更好满足人民日益增长的美好生活需要的变化过程。环境高质量、社会高质量的持续改善是高质量发展的内在要求，也是它的重要内涵、时代内容。"六特征"是指发展性、多维性、创新性、协调性、可持续性及其复杂性特征。"高质量发展的十大战略趋向"是指"内循环"体系助力高质量发展、经济结构升级推动高质量发展、自主创新引领高质量发展、新经济驱动高质量发展、传统产业转型升级支撑高质量发展、消费拉动高质量发展、服务型制造促进高质量发展、区域协调发展推进高质量发展、生态环境保护助力高质量发展、共享发展、聚力高质量发展。

创新点之二：基于高质量发展的内涵，提出高质量发展的若干战略命题——经济增长是经济高质量发展的基石，结构优化是经济高质量发展的核心，效率提升是经济高质量发展的关键，创新驱动是经济高质量发展的动力，环境质量是环境高质量发展的有效供给，污染减排是环境高质量发展的有效手段，资源利用是环境高质量发展的有效路径，环境管理是环境高质量发展的有效保障，民生优化是社会高质量发展的重要基点，城乡统筹是社会高质量发展的内在要求，社会和谐是高质量发展的温暖底色。分别从经济高质量发展、环境高质量发展和社会高质量发展建构了区域高质量发展衡量指标。经济高质量发展由 25 个指标构成；环境高质量发展由 20 个指标构成；社会高质量发展由 25 个指标构成。高质量发展总指数由 70 个指标构成。

创新点之三：提出环境高质量发展概念。在内涵层面，环境高质量发展是高质量发展的重要部分，要求经济发展应当是健康可持续的，不仅仅关注眼前的利益，更关注今天的使用不应减少未来的实际收入，体现经济的可持续性；在目标层面，环境高质量发展要求以更少的资源投入创造更多的价值，这与高质量发展理念一致——高质量发展的核心理念是"努力实现更有效率、更可持续的发展"；在效果层面，环境高质量发展不仅仅要求保护环境，而且通过带动环保投资，发展绿色产业，创造"绿水青山就是金山银山"，从而对高质量发展起到有力的促进作用。

创新点之四：构建由环境质量、污染防治、资源利用、环境管理四个维度构成的环境高质量发展评价指标体系。环境质量是环境高质量发展的有效供给——环境质量是指以人类为中心的、环绕人们周围的各种自然因素的状态，高质量的环境质量要求改善大气质量、加强土地保护、缓解水资源压力等，提升民众幸福感与获得感。环境质量指标由环境状态和生态状态表征，选用全年优良天数比例评价环境状态，能够综合、直观地表征省市的整体空气质量状况和变化趋势；生态状态评价指标包括建成区绿化覆盖率、受保护地占国土面积比率、土地利用及淡水压力，用来反映环境整体的状态及稳定性。污染减排是环境高质量发展的有效手段——污染减排是指减轻人类社会经济活动对生态环境造成的压力，减少废弃物和环境有害物排放，产生正的外部性，高质量的污染减排，告别传统的"资源—生产—废弃物"单项流动的线性生产模式，形成"资源—产品—废弃物—再生资源"循环流动的生产模式，降低生产的边际成本和末端治理费用，提供高质量的绿色产品和服务。污染减排指标主要由排放强度、环境建设和绿色生活三大类构成，排放强度表征人类社会经济活动对生态环境造成的压力，包括 CO_2 排放强度、SO_2 排放强度、COD 排放强度、氨氮排放强度、工业废水排放量及城镇生活垃圾填埋处理量；环境建设体现省市控制污染防治所进行的努力，包括城市生活污水集中处理达标率和生活垃圾无害化处理率；绿色生活反映省市控制污染排放所取得的成效，采用农村卫生厕所普及率和城镇每万人口公共交通客运量衡量。资源利用是环境高质量发展的有效路径——资源利用是指提高资源利用效率，以较少的资源能源消耗和环境破坏实现经济发展。高质量的资源利用可以促进资本要素由资源利用效率低、环境污染高的部门向资源利用效率高、环境友好的部门流动，提高资源配置效率，促进绿色技术的研发与扩散，拓展资源利用支持可持续增长的能力。资源利用指标由结构优化指标和资源产出构成。结构优化指标主要表征社会经济系统能源结构的合理性，通过结构调整降低社会经济活动对环境的影响，采用能源产出率、水资源产出率、建设用地产出率评价；资源产出指标表征社会经济活动利用资源的效率提升情况，采用煤炭消费占能耗总量的比重评价。环境管理是环境高质量发展的有效保障——环境管理是指运用经济、法律、技术、行政、教育等手段，限制和控制损害环境质量，实现经济、社会、环境的和谐共处。高质量的环境管理，通过加大环境管理投入、加强环境治理，提供更多的优质生态产品，满足民众日益增长的对优美生态环境的需要。环境管理指标由环保投资指标构成。从机理上看，环保投资指标能够体现省市对于环境管理的投入，满足民众日益增长的对优美生态环境的需要。

创新点之五：研究环境与健康协同促进高质量发展的机理。采用 1998～2017 年的面板数据模型并结合面板格兰杰因果关系模型和中介效应检验了"环境规制→环境污染→健康成本"这一作用机制。研究结果表明，环境规制对健康成本、环境污染存在格兰杰因果效应。污染治理即能够通过改善大气环境和水环境来降低社会健康成本；同时，也可以通过其他渠道来产生健康协同效应。这反映在高质量发展中，除了经济高质量发展、社会高质量发展、环境高质量发展三个维度外，还应考虑各个维度的协同关系。可见，环境与健康的协同在高质量发展中愈显重要。

2 理论基础

高质量发展是一个复杂系统，其理论基础包括：中国特色社会主义政治经济学、发展经济学、可持续发展理论、生态经济学理论及系统理论等。

2.1 中国特色社会主义政治经济学及其对高质量发展的启示

2.1.1 中国特色社会主义政治经济学

中国高质量发展应以中国特色社会主义政治经济学来指导。其必要性在于两个方面：一方面，中国发展有它特殊的国情，如人口众多、城乡和地区发展极不平衡，对此，任何外国的发展理论都难以正确指导和说明；另一方面，中国发展的问题不只是生产力的问题，而且涉及生产关系的调整。只有马克思主义政治经济学，既研究生产关系又研究生产力。因此，中国高质量发展需要把生产力和生产关系结合在一起，需要运用社会主义经济的制度优势推动高质量发展，根据生产力发展规律推动高质量发展①。正因为如此，中国特色社会主义理论是高质量发展的重要指导理论。

改革开放40多年来，中国特色社会主义政治经济学对经济发展重大理论的贡献，从大的方面概括为：一是关于中国特色社会主义理论，以及相关的全面小康社会理论和新兴工业化、信息化、农业现代化、城镇化"四化同步"的理论；二是关于经济发展方式和经济发展方式转变的理论；三是关于科学技术是第一生产力的理论；四是科学发展观以及新型工业化和城镇化理论等。这些都是改革开放的实践推动的中国特色社会主义政治经济学的理论贡献。党的十八大以来，发展理论又有一系列新的重大的贡献，主要体现为习近平新时代中国特色社会主义

---

① 洪银兴，任保平. 新时代发展经济学［M］. 北京：高等教育出版社，2019.

思想。习近平新时代中国特色社会主义思想，是一个科学的、系统的、完整的、发展的思想理论体系。

从经济方面来说，习近平新时代中国特色社会主义经济思想，主要包括以下观点：①中国特色社会主义经济建设进入新时代，我国社会主要矛盾已经转化为人民日益增长的美好生活需要和不平衡不充分的发展之间的矛盾；②发展是解决我国一切问题的基础和关键；③坚持以人民为中心的发展思想，用新发展理念统领发展全局，全面建设社会主义现代化经济强国；④坚持质量第一、效益优先，加快建设创新型国家，推动经济发展质量变革、效率变革、动力变革；⑤主动适应、把握、引领经济发展新常态，着力推进供给侧结构性改革，实施创新驱动发展战略，实施乡村振兴战略，实施区域协调发展战略，推动新型工业化、信息化、城镇化、农业现代化同步发展；⑥实施精准扶贫、精准脱贫，坚决打赢脱贫攻坚战；⑦实施"一带一路"建设、京津冀协同发展、长江经济带发展三大战略；⑧主动参与和推动经济全球化进程，发展更高层次的开放型经济，推动形成全面开放新格局，不断壮大我国经济实力和综合国力；⑨坚持和完善我国社会主义基本经济制度和分配制度，加快完善社会主义市场经济体制，建设现代化经济体系，使市场在资源配置中起决定性作用和更好发挥政府作用；⑩坚持按劳分配原则，完善按要素分配的体制机制，促进收入分配更合理、更有序；⑪坚持稳中求进工作总基调，全面提高党领导经济工作水平等①。

2.1.2 中国特色社会主义政治经济学对高质量发展的启示

中国特色社会主义理论是高质量发展的重要指导理论，尤其是习近平新时代中国特色社会主义思想，是一个科学的、系统的、完整的、发展的思想理论体系。其核心的思想是以创新、协调、绿色、开放、共享发展理念为主要内容，这正是高质量发展的内在要求；坚持以人民为中心的发展思想，推进社会高质量发展；生态文明建设为推动高质量发展找到了关键的切入点和途径——从人类社会发展的历史经验来看，构建社会主义生态文明社会，可以有效地促进社会经济持续健康发展。一个国家、一个民族赖以生存的自然生态环境越来越好，那么就意味着社会经济持续发展的条件获得了改善，这个国家和民族就会走向繁荣复兴。中国特色社会主义政治经济学为高质量发展提供更强大的动力，中国特色社会主义政治经济学为实现高质量发展指明了方向。

---

① 中共中央文献研究室编. 习近平关于社会主义经济建设论述摘编［M］. 北京：中央文献出版社，2017.

2.2 发展经济学理论及其对高质量发展的启示

发展经济学理论，是以发展中国家经济发展为对象的系统性的经济学说，发展经济学产生于20世纪40年代。刚刚取得独立的原有的殖民地半殖民地国家，都面临着经济发展问题。这些国家被称为发展中国家。摆脱贫困、建立独立的产业体系、实现经济起飞是进入成长阶段的发展中国家的主题。在此背景下应运而生的发展经济学，以发展中国家的经济发展为研究对象，也就是发展中国家经济从落后发展到现代化状态的规律性发展经济学。

2.2.1 发展经济学理论

发展经济学作为一门独立的学科出现，是因为已有的经济学——包括宏观经济学和微观经济学，基本上是以发达国家的成熟规范的经济作为背景的，经济学所要解决的问题是资源配置问题，这种经济学不能包容发展中国家的特殊问题。正因为发展中国家具有自身的特殊性，其发展有特殊的规律性，特别是这些国家面临的最紧迫的问题是发展问题，所以由此就产生了以发展中国家为对象，以发展为宗旨的发展经济学。

第二次世界大战后兴起的发展中国家有两类：一类是以公有制为基础的社会主义国家；另一类是走资本主义道路的民族独立的国家。虽然各个国家的社会制度不同，所选择的发展道路也不尽相同，但各个国家所面对的发展状况是相同的，所有解决的发展问题也有共同之处。在发展问题方面，各个发展中国家有许多相同的问题，相同的经验教训、相同的发展目标、相同的规律性，因此，有可能形成某些为许多不同类型的发展中国家所使用的一般理论。从发展中国家的发展现实中可以发现：有不少发展的国家已经走出了低收入发展阶段。这样发展中国家的经济发展阶段可以划分为低收入国家发展阶段和中等收入国家发展阶段，相应的发展理论也应该有所不同。

发展理念决定发展理论。为了明确经济发展理论创新的重点，需要回顾一下世界范围内几代发展经济学的发展观的演变。

第一代发展经济学，产生于20世纪40～50年代初，以经济学家哈罗德—多马模型为代表，其发展观可以概括为三点：第一，发展的重点是GDP的快速增长；第二，经济增长是劳动力、资本、土地等生产要素的函数，十分重视生产要素的投入对经济增长的作用，特别是把资本积累作为发展的必要条件；第三，侧重工业化对发展的作用。这个发展理论对许多发展中国家发展观的形成产生了很大的影响。

第二代发展经济学，基本上从 20 世纪 50 年代末开始，直到 90 年代。以库兹涅兹（Kuznets）、索罗（Solow）、舒尔曼（Schultz）、罗默（Romer）等研究现代经济增长的经济学家和罗马俱乐部的世界末日报告为代表。其发展观可以概括为四点：第一，明确指出增长不等于发展，由关注增长的数量转为长期增长的能力，特别是结构调整和优化的作用；第二，由过去的单纯追求物质要素投入转向了技术进步和制度要素，人力资本受到重视；第三，由单纯追求经济转向关注环境和可持续发展；第四，由侧重工业化转向关注农业和农村的发展。

从 21 世纪开始，新一代的发展经济学以经济学家阿玛蒂亚·森（Amartya Sen）、约瑟夫·斯蒂格利茨和世界银行为代表，其发展观可以概括为四点：第一，不仅仅是增长速度，而且增长的质量也同样重要，增长的来源和模式影响着发展的效果；第二，发展意味着增长和变革，变革不仅仅是国内生产总值的增长，还有其他目标；第三，高质量的增长需要更宽泛的发展目标。例如减少贫困、分配公平、保护环境以及增强人的能力和自由为目标的发展，因此成功的发展政策不仅必须确定实际收入实现怎样的快速增长，而且必须确定实际收入能够用来实现发展中的其他价值；第四，自由是发展的主要目标，也是促进发展的不可缺少的这个重要手段。[①] 借鉴上述发展经济学的思想，在中国摆脱了贫困，进入全面小康阶段，并且从低收入国家进入中等收入国家以后，所要汲取的发展经济学理论也应该与时俱进。

2.2.2 发展经济学理论对高质量发展的启示

在发展经济学看来，土地及其他资源、自然资源匮乏的唯一经济判断是成本，而不是实物的稀缺。发达国家可以依赖其充裕的资本和发达的技术克服大自然的吝啬，改变现有资源的性能，提高其生产率，并且发现新的资源和材料。对这些发达国家来说，自然资源供给相对的不是很重要，而发展中国家自然资源的稀缺性的缓解受资金和技术的限制，自然资源供给状况更加重要。土地资源、矿产资源、环境资源的严重稀缺给经济增长设置的自然界限非常严格。因此，高质量发展所面对的重要课题，既要研究各种资源提高生产率的途径，又要研究节约使用资源的机制，还要研究对资源的投入以及改善资源缓解的途径。

从经济发展史来看，发达国家当年谋求工业化现代化所实行的战略，大多数属于掠夺资源型的。而现在全球环境恶化和资源供给条件恶化的背景下，那么许多发展中国家开始进入了工业化现代化的阶段，发展中国家正在经历的正是发达

---

① 洪银兴，任保平. 新时代发展经济学［M］. 北京：高等教育出版社，2019.

国家曾经普遍经历过的，因此实现高质量发展，就必须摒弃发达国家所采用的工业化模式和走过的先污染后治理的道路。当然，发展中国家为此所付出的成本要比发达国家高很多。

发展经济学启示我们，应把环境发展放在优先位置，融入经济发展、文化发展、社会发展等各方面和全过程。推进高质量发展要改变经济和社会发展的模式，要坚持节约资源和保护环境的基本国策，坚持节约优先、保护优先、自然恢复为主的方针，着力推进绿色发展、循环发展、低碳发展，形成节约资源和保护环境的空间格局、产业结构、生产方式、生活方式，从源头上扭转生态环境恶化的趋势，为民众创造良好的生态关系，努力建设美丽中国，实现中华民族的永续发展，为全球生态安全做出贡献。

2.3　可持续发展理论及其对高质量发展的启示

2.3.1　可持续发展理论

"可持续发展"一词，最早出现在 1972 年联合国第一次人类环境大会上公布的《增长的极限——"罗马俱乐部"关于人类困境的报告》中。该报告对经济增长和人类前途之间的关系做出了具体预测，提出了增长有极限的论点，主张实现人口、经济"零增长"的发展。报告警示人们应摒弃工业革命以来形成的、单纯以经济总量衡量人类发展的传统发展观，而主张致力于经济、社会、资源、环境与人口之间的协调发展。1987 年，联合国环境与发展委员会在《我们共同的未来》报告中，首次正式使用了"可持续发展"这一概念。该报告对可持续发展的定义是：可持续发展是指既能满足当代人的需要，又不对子孙后代满足其需要的能力构成危害的发展。可持续发展理论强调公平性原则。

公平性原则是可持续发展理念与以前的各种发展理念之间的重大区别。在传统的发展理念中，公平性原则始终未受到足够重视，传统发展观仅仅是为了生产而生产，单纯追求经济利益，而没有考虑到子孙后代的利益，于是才产生了为实现眼前效益而不惜牺牲宝贵的自然资源与环境的短视行为。可持续发展强调代际公平，即当代人、未来人在实现发展上的权益是平等的，经济社会发展必须平等地满足当代人和未来子孙后代的需要。

可持续发展理论强调可持续性原则。可持续性是指生态系统在受到外界的某种干扰时，仍能够保持其生产率的能力。资源和环境是人类社会赖以存在的基础，因而保持资源与环境的可持续性是人类社会持续存在和发展的前提。为实现资源和环境的可持续，就要求人们在生产和生活中理性地对待资源和环境，既要节约资源，又要合理地利用资源。要改变传统的高消耗、高污染、高排放的生产方式，向低消耗、低污染、低排放甚至零排放发展，努力实现对生态的适度消费，从而保证人类社会的可持续发展。

2.3.2 可持续发展理论对高质量发展的启示

经过改革开放 40 多年的持续发展，我国经济发展水平获得了大幅度提升，创造了世人瞩目的"中国奇迹"；然而，在经济快速发展的同时，中国也日益感受到了资源和环境压力。这使得中国不得不客观反思以往在经济发展方式方面存在的局限，进而去寻求科学的经济发展方式。在转变经济发展方式的过程中，人们逐步认识到高质量发展是重要途径。原因在于，高质量发展是可持续的发展方式，体现在以下两个层面上：

第一层面：高质量发展符合公平性原则。高质量发展追求的是社会利益、生态利益与经济利益的最佳结合。中共十九大报告提出，"必须坚持质量第一、效益优先，以供给侧结构性改革为主线，推动经济发展质量变革、效率变革、动力变革，提高全要素生产率"，这就要求统筹好公平与共享，协调好自然与经济发展。人类对大自然的伤害最终会伤及人类自身，统筹人与自然和谐共生必须破解生产力布局与生态安全格局、经济发展规模与资源环境承载两大突出矛盾，实现社会利益、生态利益与经济利益的最佳结合。

第二层面：高质量发展符合可持续性原则。高质量发展与可持续发展的三大目标——经济增益、文化增益和环境增益相符合。首先，可持续发展理论强调经济增益不仅要重视经济增长的数量，更要关注经济发展的质量；高质量发展要求在实现经济增长的同时，尽可能减缓二氧化碳的排放量。其次，可持续发展要求改变传统的"高投入、高消耗、高污染"为特征的生产模式和消费模式，实施清洁生产等环境增益模式；而高质量发展要求发展资源消耗低、环境污染少、生态效益好的产业。最后，可持续发展是文化增益的模式，讲究文明消费、绿色消费，这与高质量发展理念一脉相承。

2.4 生态经济学及其对高质量发展的启示

2.4.1 生态经济学理论

20 世纪 60 年代，美国经济学家鲍尔丁（Kenneth Boulding）在《一门科学——生态经济学》文章中首次把生态学与经济学结合起来，提出了"生态经济学"这一概念。国际生态经济学会的创立以及《生态经济学》的创刊，标志着生态经济学理论研究进入了新的发展阶段，通过不断深入的研究取得了颇有价值的研究成果。美国经济学家列昂捷夫（W. Leontief）首次对环境保护与经济发展的关系进行定量研究，运用投入产出分析法，将处理污染物的费用与原材料和劳动力的消耗一并作为产品成本，并将处理工业污染物单独作为一个生产部门。美国经济学家格鲁斯曼（Gene Grossman）1991 年提出"环境库兹涅茨曲线"假说，他认为一个国家或者地区经济发展水平较低时，环境污染的程度较轻，但是随着人均收入的增加，环境污染由低增高，环境污染程度因经济的不可持续增长而恶化；但经济发展到一定的水平后，即到达某个点后，随着人均收入的增长，环境的污染程度也会由重变轻，即"脱钩"现象或"倒型"现象。环境库兹涅茨曲线理论认为，在经济发展的初始阶段，人们最关心的是如何解决温饱问题，根本不可能有环保意识。因此，不遗余力、不顾后果地发展经济，带来的就是资源的过度耗费、污染物的大量排放和生态环境的恶化。不过，随着人们物质生活水平的不断提高，开始关注生活的质量，环保意识逐渐增强，此时，人们有意愿也有能力治理环境污染，改善生态环境。从本质上讲，这就是对发达国家先污染、后治理发展道路的总结，对环境高质量发展有一定的启示作用。1980 年联合国环境规划署在对人类生存环境的各种变化进行观察分析之后，确定将环境经济作为该年《环境状况报告》的首项主题。由此表明，生态经济学作为一门既有理论性又有应用性的新兴科学开始为世人所瞩目。这正如被《华盛顿邮报》称为"世界上最有影响的思想家之一"的美国经济学家莱斯特·布朗所指出的，"生态经济是有利于地球的经济构想，是一种能够维系环境永续不衰的经济"。

2.4.2　生态经济学对高质量发展的启示

生态经济是在生态与经济之间矛盾不断激化的背景下产生的。生态经济学阐述了生态、经济和社会三大系统如何不断优化结构和完善功能，从而缓解生态与经济的矛盾。生态经济学理论要求经济与社会高度发展的同时，要兼顾生态环境的可持续发展，从而实现"生态—经济—社会"复合系统的可持续发展。生态可持续发展是根本基础，经济可持续发展是前提条件，而社会可持续发展是最终目的。以生态经济学作为高质量发展的理论基础，就是要遵循生态经济学原理所揭示的客观规律，不能以牺牲生态环境作为经济、社会发展的代价，而是要统筹、兼顾、协同经济高质量发展、社会高质量发展与环境高质量发展。

2.5 系统理论及其对高质量发展的启示

2.5.1 系统理论

"系统"这个词，起源于古希腊语，是由两个希腊单词组成的，语义是"站在一起"（Stand Together）或"放置在一起"（Place Together）的意思。由此可见，所谓系统并不是偶然的堆积，而是按一定的关系结合起来的一个整体。系统理论是研究系统的模式、性能、行为和规律的一门科学。"系统"一词，常用来表示复杂的具有一定结构的整体。近代比较完整地提出系统理论的是奥地利学者贝塔朗菲（Bertalanffy）。他在1952年发表了《抗体系统论》，提出了系统论的思想，1973年提出了一般系统论原理，从而奠定了这门科学的理论基础。系统是由相互作用和相互依赖的若干组成要素结合而成的。钱学森指出，系统是指由相互作用和相互依赖的若干组成部分相结合的具有特定功能的有机整体。系统必须满足以下三个条件：其一，必须由两个或以上系统要素所组成；其二，系统各要素相互作用和相互依存；其三，系统受环境影响和干扰，与环境相互发生作用。系统理论强调系统的整体性和开放性，追求系统利益的最大化和结构优化。系统理论认为，整体性、相关性、目的性和功能性、环境适应性、动态性、有序性等是系统的共同基本特征。

——整体性：系统是由相互依赖的若干部分组成，各部分之间存在着有机的联系，构成一个综合的整体。因此，系统不是各部分的简单组合，而要有整体性，要充分注意各组成部分或各层次的协调和连接，由此提高系统整体的运行效果。

——相关性：系统中相互关联的部分或部件形成"部件集"，而"集"中各部分的特性和行为相互制约和相互影响，这种相关性确定了系统的性质和形态。

——目的性和功能性：大多数系统的活动或行为可以完成一定的功能，但不一定所有系统都有目的，例如太阳系或某些生物系统。人造系统或复合系统都是根据系统的目的来设定其功能的，这类系统也是系统工程研究的主要对象。譬如，经营管理系统要按最佳经济效益来优化配置各种资源。

——环境适应性：一个系统和包围该系统的环境之间通常都有物质、能量和信息的交换，外界环境的变化会引起系统特性的改变，相应地会引起系统内各部分相互关系和功能的变化。为了保持和恢复系统原有特性，系统必须具有对环境的适应能力，例如反馈系统、自适应系统和自学习系统等。

——动态性：物质和运动是密不可分的，各种物质的特性、形态、结构、功能及其规律性，都是通过运动表现出来的。要认识物质首先要研究物质的运动，系统的动态性使其具有生命周期。开放系统与外界环境有物质、能量和信息的交换，系统内部结构也可以随时间变化。一般来讲，系统的发展是一个有方向性的动态过程。

——有序性：由于系统的结构、功能和层次的动态演变有某种方向性，因而使系统具有有序性的特点。系统论的一个重要成果是把生物和生命现象的有序性和目的性同系统的结构稳定性联系起来，也就是说，有序能使系统趋于稳定，有目的才能使系统走向期望的稳定系统结构。

从广义上说，系统理论还包括信息论与控制论。信息论研究了系统中信息传输、变换和处理问题，认为信息具有可传输性、不守恒性和时效性，因此信息论也是一种系统理论。控制论是研究各类系统的调节和控制规律，它的基本概念就是信息、反馈和控制。协同学是系统理论的重要分支理论。德国著名物理学家赫尔曼·哈肯（Herman Hawking）于1971年提出"协同"的概念，1976年创立了协同学。"协同学"源于希腊文，意思是"协同作用的科学"，是研究不同事物、不同领域的共同特征以及相互之间协同机理的科学。根据哈肯的观点，协同学从统一的观点处理一个系统的各部分之间的，导致宏观水平上的结构和功能的协作，并鼓励不同学科之间的协作。协同学的目的就是建立一种用统一的观点去处理复杂系统的概念和方法，主要研究远离平衡态的开放系统在与外界有物质或能量交换的情况下，如何通过内部的协同作用，自发地出现时间、空间和功能上的有序结构。根据相关学者的研究，协同是一种内涵丰富的拥有价值创造的动态过程，从系统角度进行描述，意指为实现系统总体的发展目标，各子系统、各要素之间通过有效的协作、科学的协调，以达到整体和谐的一个动态过程，是各个子系统、子要素从无序到有序、从低级到高级的运作发展过程。

2.5.2 系统理论对高质量发展的启示

系统理论要求我们在研究经济事物时要把所研究的对象当作一个系统，将系统论、信息论和控制论渗入经济系统，分析该系统的结构和功能，研究系统、要素与环境三者的相互关系和变动的规律。

从系统理论出发，高质量发展涉及众多要素，包括自然、社会、经济等诸多方面的内容，是一个"科技—社会—生态"的复合系统。该系统是由不同属性的子系统相互作用构成的、具有特定结构和特定功能的开放复杂系统。以环境高质量发展来看，就是一个系统。以系统论作为环境高质量发展的理论基础，就是要系统地对环境质量、污染减排、资源利用、环境管理对高质量发展的促进作用进行深入分析；环境质量是环境高质量发展的有效供给，改善大气质量、加强土地保护、缓解水资源压力等，提升民众幸福感与获得感。污染减排是环境高质量发展的有效手段，告别传统的"资源—生产—废弃物"单项流动的线性生产模式，形成"资源—产品—废弃物—再生资源"循环流动的生产模式，降低生产的边际成本和末端治理费用，提供高质量的绿色产品和服务；资源利用是环境高质量发展的有效路径，促进资本要素由资源利用效率低、环境污染高的部门向资源利用效率高、环境友好的部门流动，提高资源配置效率，促进绿色技术的研发与扩散，拓展资源利用支持可持续增长的能力。环境管理是环境高质量发展的有效保障，通过加大环境管理投入、加强环境治理，提供更多的优质生态产品，满足民众日益增长的对优美生态环境的需要。

2.6　本章小结

高质量发展是一个复杂系统，其理论基础包括：中国特色社会主义政治经济学、发展经济学、可持续发展理论、生态经济学理论及系统理论等。

——借鉴中国特色社会主义理论的思想，核心是坚持创新、协调、绿色、开放、共享发展理念，坚持以人民为中心的发展思想，有力推进生态文明建设，促进社会经济持续健康发展——中国特色社会主义政治经济学为实现高质量发展指明了方向。

——借鉴发展经济学的思想，应更为重视环境和社会发展，把环境发展放在优先位置，把社会发展放在突出位置，融入经济发展、文化发展、社会发展等各方面和全过程。

——借鉴可持续发展的思想，为关注经济发展的质量，在实现经济增长的同时，尽可能减缓二氧化碳的排放量；改变传统的"高投入、高消耗、高污染"为特征的生产模式和消费模式，实施清洁生产等环境增益模式；发展资源消耗低、环境污染少、生态效益好的产业；讲究文明消费、绿色消费。

——借鉴生态经济学的思想，要求经济与社会高度发展的同时，要兼顾生态环境的可持续发展，从而实现"生态—经济—社会"复合系统的可持续发展，不能以牺牲生态环境作为经济、社会发展的代价，而是要统筹、兼顾、协同经济高质量发展、社会高质量发展与环境高质量发展。

——借鉴系统论的思想，注意要素的协同。高质量发展是一个"经济—社会—生态"的复合系统，该系统是由不同属性的子系统相互作用构成的，具有特定结构和特定功能的开放复杂系统，并对要素及其相互关系进行系统分析。

3 高质量发展十大战略趋向纵论

改革开放 40 多年来，我国通过改革红利和要素红利刺激经济高速增长，大力发展生产力，以填补"数量缺口"，成为世界第二大经济体。人民的基本物质需求得到了极大满足和保障，经济获得空前发展。当前，我国社会主要矛盾以及面临的国内外形势已经发生重大转变，经济高速增长的要素条件、开放条件、制度条件等也都发生了深刻变化。在经济数量增长阶段，我们强调经济效益，在一定程度上忽视经济的可持续和健康发展；高质量发展，强调的是经济效益、社会效益和生态效益的结合，体现的是人与经济社会相协调的包容性增长。数量增长仅仅指经济总量的扩张，多以国民生产总值来衡量；在高质量发展背景下发展的格局与内涵要更为丰富，它以总量为基准，但又不仅仅关注经济总量，还包含对经济效率、经济结构、可持续、社会保障等多个角度的多维衡量。

本书认为，"十四五时期"需要把握高质量发展的十大战略趋向——"内循环"体系助力高质量发展、经济结构升级推动高质量发展、自主创新引领高质量发展、新经济驱动高质量发展、传统产业转型升级支撑高质量发展、消费拉动高质量发展、服务型制造促进高质量发展、区域协调发展推进高质量发展、生态环境保护助力高质量发展、共享发展聚力高质量发展。

3.1 战略趋向之一："内循环"体系助力高质量发展

"加快形成以国内大循环为主体、国内国际双循环相互促进的新发展格局"，这是以习近平同志为核心的党中央基于国际国内形势发展变化做出的重大战略部署。中国经济发展原来是在封闭和半封闭的环境下进行的，改革开放打开了国门，发展开放型经济、出口导向和大力度引进外资，对中国经济发展起到了一个明显的引擎作用。在这方面，当年的亚洲"四小龙"的出口导向战略所取得的成功对我国对外贸易和吸引外资作为经济发展的主引擎是有一定促进作用的。改革开放 40 多年后，我国的主要出口品是劳动密集型产品，且国际产能过剩问题越来越严重；由于土地和劳动成本的增加，不仅出口产品竞争力在下降，而对制造业外资引入的吸引力也随之下降；随着要素成本上升和产业转型升级压力的增加，外向型经济增长模式的动力开始衰减。近些年，出口对中国经济增长的贡献率逐渐下降。从国际来说，以美国为代表的某些国家开始盛行保护主义和"逆全球化"导致国际贸易摩擦日益频繁；部分地区地缘政治冲突和矛盾不断升级，使得世界经济发展面临着巨大的不稳定性和不确定性。由于外部和内在的原因，中国外向型经济增长明显在减弱。

国际经济学告诉我们：全球化经济存在着中心和外围这样的格局。长期以来，世界经济一直以美国、德国和日本等发达国家为中心，我国作为发展中国家一直处于外围。那么，我国成为世界第二大经济体后，开始由外围转向中心。中国的市场总体规模开始进入世界市场的行列，表现在以下三个方面：其一，我国是具有 14 亿人口的超大市场规模优势；其二，我国是世界上唯一拥有联合国产业分类中所列全部工业门类的国家；其三，我国是世界第二大经济体、第一大工业国和第二大商品消费国，中国在世界范围内正在形成经济增长的中心。2019年，中国对世界经济增长贡献率达 30% 左右，成为持续推动世界经济增长的主要动力源。中国市场的国际影响力与日俱增，意味着中国正在成为重要的世界市场。因此，从经济体量、工业基础、产业链和消费市场等方面来看，中国已经具备了经济内循环的基础。

当外向型经济难以成为中国现阶段发展引擎时，扩大内需是构建国内大循环体系的战略基点。经济学家斯蒂格利茨在 20 世纪 90 年代指出，"随着经济增长和全球经济环境的变化，那种主要依靠出口和国际直接投资来推动的经济增长的战略重要性将降低；同时，中国面临着继续改善资源配置和生产力的挑战"。若应对这一挑战，就要使扩大内需成为增长的发动机。

从中国经济发展现状来看，在相当长的时间内，中国发展外向型经济，实际上只是在沿海地区推进的。外向型经济拉动了这一区域的经济发展；而广大的中西部地区处于外向型经济的边缘，不仅得不到外需的拉动，而且由于东海沿海地区面向海外，中西部地区经济得不到东部地区的带动，地区的差异进一步扩大。现在进入中等收入发展阶段，不仅已经融入全球化的东部沿海地区有强劲的发展动力，中西部地区亦有强烈的发展需求，以及东西部发展不平衡所进行的各种协调，都会提供巨大的扩大内需的机会。相比外向型经济由于市场交易成本和信息获取的原因，扩大内需的交易成本和流通成本更低。

因此，在高质量发展中，我们需要深刻把握"内循环"体系的战略趋向。从以下四个方面着力：第一，着力提高人民收入，增加居民的财产性收入。由于从小康到富裕存在着较大的收入增长空间，所以能够产生巨大的消费需求。第二，着力推进城乡一体化的发展，拉动消费需求，产生较大规模的内需。虽然中国城市化率已经过半，但是中国整体而言，城市化率还存在较大的提升空间。第三，着力加快传统产业的转型升级步伐，增强了供给能力与质量。传统产业转型升级是扩大内需的重要方面。第四，贯彻新发展理念，着力缩小区域的差距，加快中西部发展步伐，避免区域发展中可能出现的明显的不均衡问题，形成多层次的内需市场。

这样看来，所有这些扩大内需所产生的经济增益，对发展的引擎动力绝不会比外向型经济小。当然，转向内循环并不意味着回到封闭经济时代，我们应转向更高层次、更高效益的外循环。如果说，外循环体系是以出口及国际市场为导向来安排国内发展的话，那么，内循环体系则是以扩大国内需求以及以它的结构为导向安排的开放战略。

3.2　战略趋向之二：经济结构升级推动高质量发展

高质量发展具有十分丰富且广泛的内涵和意义，但核心在于如何实现经济结构的转型升级。经济结构升级不仅是我国高质量发展的重要内涵之一，而且是未来区域发展的重要战略趋向。习近平同志 2018 年 3 月 5 日在参加第十三届全国人大一次会议上强调，"推动经济高质量发展，要把重点放在推动产业结构转型升级上。"

从产业经济学来说，高质量发展需要不断打破经济结构低端锁定，加速经济结构优化调整，促进经济结构转型升级，进而实现结构协调下的高质量发展，而且未来产业发展不单单依靠规模扩张，而是更加关注和青睐产业价值链和产品附加值的提升，要完成这个过程需要推动要素在行业内、企业间的自由流动，以实现要素的再配置。而这种再配置对与之相适应的各种制度、所处的营商环境提出了更高的要求。产业结构调整需要在宏观、中观和微观三个层面同时展开，协同推进产业结构优化升级。产业结构升级一般遵循以下几个方向：一是从农业到轻纺工业，再到重化工业向现代服务业的方向演变；二是从第一产业占主导向以第二产业为主导和以第三产业占主导比重的方向递进；三是从劳动要素投入为主的劳动密集型产业向以资本要素投入为主的资本密集型产业转变，再向技术密集型、知识密集型方向陆续演进；四是从低端产业占主导比重向高端产业占主导比重升级；五是由高能耗高污染产业占主导比重向低能耗低污染产业占主导比重演进，由此反映了产业结构的演进方向规律是从粗放型产业到集约型产业升级的发展方向。

因此，在高质量发展中，我们应顺应产业结构升级规律，把握经济结构升级的战略趋向，从以下三个方面着力：一要着力发展现代服务业，尤其是重点发展生产性服务业。发达国家生产性服务业占整个服务业的比重一般在 25% 以上；而我国目前这一比重是 15%。生产性服务业的发展空间较大。其中，生产性服务业的核心是知识密集型服务业，围绕知识密集型服务业发展研发服务和营销服务，为高质量发展建立专业服务体系。二要着力建立内源性技术体系，通过技术创新、制度创新、组织创新、市场创新和知识创新，建立属于自己的技术体系，推动三次产业的发展向中高端迈进。三要着力转变经济发展方式，由资源浪费和环境破坏型向资源节约型和环境友好型转变，践行"绿水青山就是金山银山"理念，大力推行绿色发展，促进传统产业结构转型升级。

3.3　战略趋向之三：自主创新引领高质量发展

科技创新是经济高质量发展的根本动力，实现质量变革、效率变革和动力变革最重要的是依靠科技进步。过去几十年间，中国经济的高速增长主要依赖于包括劳动力、资源、土地等在内的要素红利，随着全球化进程的持续推进以及中国经济的不断发展，生产过程中的各种要素成本不断上升，导致大量外部投资转向生产要素成本更为低廉的东南亚市场或者印度市场等海外市场，而部分内部投资也基于此原因产生了外流现象，所以这些刺激中国经济高速增长的要素红利正在逐渐消失，为高质量发展带来了影响。综合考察当前经济高质量发展的基本现实，创新能力和创新人才的不足是制约中国经济发展的关键问题，如何通过人才的吸引和创新驱动来突破固有的顽疾，革除高质量发展路途中的绊脚石，成为我们必须深入思考的话题。习近平同志强调，"加快科技创新是推动高质量发展的需要，是实现人民高品质生活的需要，是构建新发展格局的需要，是顺利开启全面建设社会主义现代化国家新征程的需要"。

技术经济学告诉我们，创新驱动的核心是摒弃过去的跟随创新，迈向自主创新。跟随理论在几乎所有的发展经济学教材中都可以看到，其理论依据是发展中国家的科技水平落后于发达国家，在技术进步上不可能与发达国家并跑，只能跟在其后进行模仿和引进，基本模式是国外创新技术在中国进行扩散，但创新的源头还在国外，采用的新技术在国外已经是成熟的技术核心，关键技术不在中国。这样，模仿和引进虽然能够缩短科技和产业之间的国际差距，但是不能改变后进的地位。当前，中国需要进行创新模式的转换，由跟随创新逐步迈向自主创新。这里，有三个重要基础：第一个基础是中国作为第二大经济体，自身具备并跑，甚至领跑的能力；第二个基础是中国积极布局新基建的战略机遇，占领科技领域制高点；第三个基础是大国经济可以集中办大事，特别是中国可以利用举国科技体制，有能力在某些领域重点突破。这样一来，中国科技进步的路径就有条件由过去的跟随创新转向自主创新。

因此，在高质量发展中，我们需要把握自主创新引领的战略趋向，关键包括四个方面：首先，加大基础研究在科技投入中的比重。2019 年，我国基础研究经费 1209 亿元，比 2018 年增长了 10.9%。科技部制定了《加强"从 0 到 1"基础研究工作方案》，对基础研究进行了系统安排，从优化原始创新环境、强化国家科技计划项目的原创导向、加强基础研究人才培养、创新科学研究方法和手段、提升企业的自主创新能力五个方面进行了部署。但基础研究在科技投入中的比重需要持续提高。其次，积极推进产学研协同创新。我国现阶段科学研究水平，也就是基础研究的国际差距相比产业发展的国际差距要小，其中重要的原因是科学和知识的国际流动性比技术流动性强，其流动遇到的阻碍要小一些。因此推进产学研协同创新，有效地衔接知识创新和技术创新，不仅能够从大学和科学家那里得到当今世界科学技术的最新的成果，而且可以迅速转化为现实的生产力。自主创新成为高质量发展的战略路径，其意义不只是转变发展方式，也不只是解决效率问题，更重要的是依靠无形要素实现要素的新的组合，扩大生产的可能性边界。在此过程中，科学技术的运用能够拓展生产可能性边界，应用和扩散科学技术成果，创造新的增长要素，驱动一系列的创新——包括制度创新、管理创新、空间创新、商业模式创新等，是最能反映经济高质量发展的创新性特点。再次，加快培育独角兽企业。"独角兽企业"是指创建 10 年内，估值在 10 亿美元以上，且未在任何证券市场上市的科技创业公司。由于独角兽企业是成立较短的创新公司，而且是市场价值得到了初步认可的公司，因此在一定程度上能反映经济发展的未来趋势。独角兽企业主要集中在互联网和电商、金融科技、人工智能和数据分析、生物健康等领域，且应积极在这些领域布局。最后，秉持创新发展理念，加大对创新型人才引进和培养力度，完善对创新型企业服务保障体制，构建开放创新合作平台，促进创新成果转化，营造有利于创新的政策环境。

专栏 3 –1

北京高质量发展的实现路径

北京作为我国的首都，具有全国政治中心、文化中心、国际交往中心、科技创新中心的城市战略定位，在推进城市经济高质量发展的进程中，积极探索从"合理利用资源适应经济发展到疏解城市功能促进高质量发展"的转型发展之路，已经取得十分显著的发展成效。

一是紧跟减量发展步伐，城市建设质量得以大幅度提升，向实现高质量发展目标更进一步。北京具有雄厚的优质资源，外加首都的区位优势，通过疏解城市功能，加大产业结构优化调整力度，整治淘汰了一大批低生产效能的企业，存量资源得以十分有效地释放，为创新提供更为广阔的发展空间；与此同时，北京积极转变以往"摊大饼"等低效益的土地利用模式，积极投身于城市建设用地优化与城市空间管理过程中，实现土地利用高质量发展，使得城市建设的质量和效益节节攀升。

二是在以实现产业结构优化的基础之上促进城市经济发展质量提升，致力于城市经济高质量发展目标的实现。在调整产业结构的进程中，北京摒弃了传统的粗放型工业体系，探索性构建出新一代信息技术、节能环保、人工智能、软件和信息服务以及科技服务业等高精尖经济结构，着重发展主导产业，积极推进战略性新兴产业发展进程，培育与孵化新的经济增长点，不断补充与完善现代化服务业体系，在资源得以充分配置的基础之上，形成优质供给和有效供给，进而加快城市经济高质量发展的实现进程。

三是以促进创新驱动发展方式为城市发展提供动力，进而实现城市经济的高质量发展。北京由以依赖资源消耗为核心的单一发展模式转向以创新驱动为主的增长模式，为教育、人才和科技优势全面释放搭建空间，通过政策、资金工具的科学及合理利用，积极搭建服务平台，在创新驱动中提升新旧动能转换率，提高城市发展质量。

四是在区域协调发展的同时提升区域发展质量。北京顺应国家三大发展战略之一的京津冀协同发展战略，不断积极推进北京城市的副中心与雄安新区"两翼"建设，不断提高城市以单中心空间结构为特征向多中心空间结构为特征的转变速度，不但缓解了北京市单中心空间结构所引致的城市低效率运行的问题，而且通过建设的新区域地带成功引导城市有序增长，为城市发展提供新的动力源和增长极，积极促进城市治理平衡的多中心网络化空间格局的形成。

以上四点的路径安排，积极推动北京向高质量发展阶段迈进，为首都实现经济高质量发展奠定了坚实基础。

3.4 战略趋向之四：新经济驱动高质量发展

实现高质量发展，在传统技术代替内很难实现，在现有的技术框架内难以实现，必须进行传统技术的改造和新技术的有效利用。可以说，实现高质量发展的战略机遇就在于引入新的变量，利用新的技术革命和工业革命形成技术代差。习近平同志在2014年国际工程科技大会上主旨演讲中就表示，"世界正在进入以信息产业为主导的新经济发展时期"。2015年12月在中央经济工作会议上，习近平同志指出，"新一轮科技革命和产业变革正在创造历史性机遇，催生智能制造、互联网＋、分享经济等新科技、新经济、新业态，蕴含着巨大商机"。

从新结构经济学来说，40年中国经济高速增长绩效是改革开放激发出特定发展阶段上要素禀赋优势的结果。这种要素禀赋结构并非一成不变，它在每个特定发展阶段上虽然是给定的，但会随着发展水平的提升而发生变化。传统经济增长的来源主要是初级生产要素投入，譬如，自然资源、地理位置、人口、非技术工人、资金等，这些因素本质上都可以归入广义的要素禀赋范畴；随着全球经济发展由以物质生产、物质服务为主导转向以知识创新、技术变革为主导转变，要素禀赋也由初级要素禀赋升级到了以人才、技术为主的高级要素禀赋。高级要素禀赋是支撑经济高质量发展的强大动能，而新经济正是由于引入了这种高级要素禀赋而产生的。知识创新能够加速大数据、云计算、人工智能等技术在各个领域的不断渗透，从而完成对不同领域信息的实时采集、存储和处理，对知识进行再次开发和挖掘，进一步提升知识创新的效率；5G网络、物联网等网络链接技术则可以加速各种信息的及时有效传输，实现知识和信息在各主体之间的充分流动与连接，克服内部资源有限和同质性的限制，建立起知识共享的途径和渠道，并进而通过不断扩展平台辐射的时空边界产生倍增的学习效应，从而不断催生新的产业、新的业态与新的商业模式涌现；新经济能加速以知识为主体的资本对传统资本的替代，并重新组织资本和劳动的关系，改善现有生产要素的质量。由此可见，新经济有助于转变中国经济由自然资源、资本、劳动要素驱动的经济发展方式，转变为知识与技术驱动的经济发展方式，从而形成支撑经济高质量发展的强大动能。近年来，我国保持较快经济增长的北京、上海、广州、深圳、杭州等发达城市，都是适应了新科技革命的发展，在大数据、信息化、数字经济等方面取得了突破性进展。当前，新科技革命和工业革命方兴未艾，以互联网和大数据为基础的新工业革命正在形成新的增长点，实现高质量发展必须实现向新经济驱动转变，培育新技术革命的力量。

因此，在高质量发展中，我们需要深刻把握新经济驱动的战略趋向，并从以下三个方面着力：一要着力关键核心技术，围绕5G、半导体、新能源、车联网、区块链等领域，支持新型研发机构、高等学校、科研机构、科技领军企业开展战略协作和联合攻关，加快底层技术和通用技术突破；二要着力新基建发展，从基础设施和关键环节入手，促进新经济发展，实现经济社会系统的可靠传输、智能管理、智慧决策、精准服务，提高社会治理能力，提升经济运行效率；三要着力营造创新环境，让整个社会充满创新、创业、创造的热情。

专栏 3－2

深圳高质量发展的经验

2020年是深圳经济特区建立40周年。习近平同志指出："深圳是中国特色社会主义在一张白纸上的精彩演绎。"深圳在高质量发展方面充分发挥本地竞争优势，加快创新步伐，坚持创新驱动发展、重视科技创新应用端建设，加大高端制造业服务业的开发力度，为实现城市经济高质量发展做出了大量的实践探索。习近平同志指出，深圳经济发展水平较高，面临的资源要素约束更紧，受到来自国际的技术、人才等领域竞争压力更大，落实新发展理念、推动高质量发展是根本出路。

具体来看，包括以下几点：

一是不断加快创新步伐。深圳市以先行先试的勇气和智慧谋创新、谋发展，构建推动城市经济高质量发展的体制机制；激发和保护企业家精神，探索建立鼓励创新，使创新成为城市发展的重要动力；坚持以供给侧结构性改革为主线，坚持产业融合发展，大力提升经济发展的效益和水平。

二是实施提高经济质量，强化城市发展的战略，推动城市转型升级。深圳坚持适应自身城市发展的质量要求，实现了经济发展的稳定前进，成为中国经济高质量发展的先进模范典型城市。深圳把设计、品牌、标准作为城市经济高质量发展的支撑点，实施提升工业设计、打造深圳标准、培育自主品牌三大专项行动计划，以实现经济高质量增长。

三是尊重市场在资源配置中的决定性作用。推动资源配置依据市场规则、市场价格、市场竞争，实现效率的最大化，以实现经济快速、高质量发展。深圳市以民营经济为主体，创新活力光芒四射，培育出华为、中国平安、腾讯等产业巨头；同时，继续保持高度开放性，促进要素、商品与服务自由跨界流动，从而实现资源配置效率的最大化。

四是坚持推进供给侧结构性改革，推动制造业高质量发展。深圳制造业正向高端市场发展，新旧动能转换速度逐步加快，建设先进制造业生产基地，促进实体经济发展，深圳遵循产业发展实际，围绕高新技术建立了制造业创新中心；同时，出台了专项扶持政策，重点发展实体经济，增强核心竞争力，有效把握工业有效投资，对重大项目提高速度，由此增加效率。

五是进一步加大现代服务业开放力度。特别是金融保险、物流运输、信息服务、医疗、文化等行业的开放，大力发挥引资示范效应，以质量变革、效率变革和动力变革促进城市经济高质量发展。

3.5 战略趋向之五：传统产业转型升级支撑高质量发展

改革开放以来，我国处在高速增长阶段，所有产业领域攻城略地。由于投资的潮涌现象，目前在这些领域形成了虹吸效益、拥挤的效益，造成了产能过剩。那么新时代推进高质量发展，必须在产业链的高端环节和核心技术领域开拓空间，这就需要传统产业实现转型升级，在传统产业和新兴产业之间找到连接点，立足于现有的产业基础，植入新技术、新理念、新创意，通过制度创新、技术创新、管理创新、模式创新，围绕产业链，布局创新链，提升产品质量和效能，衍生出新产品、新产业、新业态，最终实现传统产业转型升级。

从产业经济学来说，新兴产业对于传统产业的转型升级促进机理在于，新兴技术提高了传统产业的生产效率与交易效率；进一步地，随着新兴技术渗透到传统产业中，其要素结构不断升级，促进了分工效率，加深了专业化程度，对经济结构产生显著的网络溢出效应，实现了从初级制造业到先进的制造业和服务业的转型升级，并最后迈进到创新活动的全产业链高端，从而推动经济高质量发展。

因此，在高质量发展中，我们需要把握传统产业转型升级的战略趋向。一要把握传统产业和新兴产业的战略融合关系。譬如，工业机器人、高端数控机床、柔性制造系统等现代装备制造业，就是传统产业融入了新兴技术，不仅提高了传统产业的生产效率，而且通过升级装备水平，实现了智能制造、绿色制造。再如，工业设计社区正是由于传统产业与信息技术的深度融合，传统产业一跃成为高端服务业。还如，新材料的发展就是在原有的原材料生产企业的基础上，通过研发投入、改造升级，进而达到新材料产业的发展。此外，新能源汽车的发展绝对离不开传统产业——汽车业的发展，它不是凭空产生的。需要注意的是，传统产业与新兴产业融合，不仅要关注战略融合，而且要关注战术融合及战略和战术融合之间关系。传统产业与新兴产业融合，不是与某个环节融合，而是打通传统产业与新兴产业链的所有环节，将产业链与创新链紧密地结合，不仅仅体现在战略层面，更体现在运营层面——客户与营销，这样的融合是深度融合。二要把握传统产业与新兴产业的战略嵌入关系。我国传统产业大部分锁定在价值链低端，产业结构多为"橄榄型"，即核心技术弱、知名品牌少、加工组装多；而发达国家的产业结构多为"哑铃型"，即核心技术领先，品牌价值高，集中于研发与管理。随着"刘易斯拐点"的到来，许多从事加工制造的传统企业减少甚至倒闭。因此，传统产业必须向价值链高端环节升级，其战略嵌入新兴产业价值链。这样，传统产业将其价值链从以制造为中心，转变为以服务为中心，向新兴产业渗透、融合。在这一过程中，一方面，传统产业价值链向上下游服务环节延伸；另一方面，传统产业把知识、人力资本、技术等高级生产要素引入企业，加上新一代信息技术及模块化组织方式的共同推动，使得传统产业生产效率和管理水平大为提高，形成较强的研发能力、品牌建设能力和市场营销能力，战略嵌入新兴产业，从而在价值链高端环节形成竞争优势。譬如，在新能源汽车产业链中，传统汽车企业就是通过深化技术创新，促进汽车产业跃迁，向技术水平更高、低碳环保汽车转变。

3.6 战略趋向之六：消费拉动高质量发展

经济增长有"三驾马车"——投资、消费及出口。在不同的发展阶段，主拉动动力也是不同的。就内需来说，包括投资需求和消费需求。在低收入阶段，主要是依靠投资拉动经济增长，中国长期的经济高速度增长就是建立在高投资基础上的，以 GDP 增长为目标，以高积累、低消费为手段，为生产而生产。经济发展到现阶段，支持高投资的高储蓄不可持续，而且不顾消费的投资拉动会产生严重的产能过剩，降低经济增长的效益。宏观经济多次出现大起大落的波动，就与此有关。显然，投资拉动型的经济在高质量发展阶段需要调整。中国进入中等收入国家发展阶段以后，转变经济发展方式很重要，有一个方面就是改变在低收入阶段，那种依靠投资出口拉动的发展方式，转向依靠消费的拉动方式。2019年，最终消费支出对国内生产总值增长的贡献率为57.8%，高于资本形成总额26.6个百分点。这就表明消费对经济增长的贡献率越大，经济增长的效益和质量也就越高。

从政治经济学理论来说，突出消费对经济增长的拉动作用，实质上是以提高人民消费水平为导向，体现经济发展目标的调整，即从单纯追求 GDP 的增长转向追求人民的富裕和幸福。在人口年龄结构方面，老龄化社会减少储蓄但可能增加消费，儿童比重增大也会减少储蓄但增加消费；在人口收入结构方面，中等收入者所占比重越来越大，这部分人口的消费需求，尤其是对产业升级提供的产品和服务需求更加旺盛。相比发达国家，新兴市场的消费需求更为强烈，比方说家庭轿车的需求、住房改善的需求、信息服务的需求等。

因此，在高质量发展中，我们需要把握消费拉动高质量发展的战略趋向。实现的路径有以下五点：一是增加居民收入，通过相关改革举措促进收入分配更合理、更有序，推动形成与居民消费升级相匹配的收入可持续增长机制，不断扩大中等收入群体，为扩大居民消费夯实基础；二是把稳就业摆在"六稳"之首，稳定高的就业率；三是贯彻社会保障的公平性原则，实现社会保障全覆盖；四是在宏观的国民收入分配中提高消费的比例，改变高积累低消费的状况；五是扩大中等收入者比重并使中等收入者达到大多数，从而在提高消费水平的基础上拉动经济增长。现阶段，消费业态的创新对消费的拉动效果非常明显，譬如，信息消费、绿色消费、旅游休闲消费、教育文化体育消费、养老健康、家政消费等"新兴业态"正在迅速增长，尤其是借助"互联网＋"平台，网络消费和共享经济正在从广度和深度扩大消费领域，消费朝着更加智能、更加绿色、更加健康、更加安全的方向转变。这不仅体现消费模式优化，而且会带动生产模式优化，也还会促进经济结构转型升级。

3.7 战略趋向之七：服务型制造促进高质量发展

制造业不仅是国民经济的主体，而且是高质量发展的基础，而制造业的发展离不开服务业的支撑。因为以互联网为代表的新技术的进步，加速了制造业服务业的融合。服务型制造发展是未来产业发展的趋势，也是先进制造业和现代服务业深度融合的重要方向。近年来，服务型制造有力地支撑了制造业高质量发展，成为我国制造业转型升级的"点睛之笔"。

从产业经济学来说，服务型制造发展是现代经济发展的重要形态，也是制造业转型发展的高级形态，是制造业现代化的体现。制造与服务的深度融合，意味着制成品附加值的提升，也意味着服务的深化，发展服务型制造不仅要求制造业企业做强高附加值服务环节，还将引导制造业企业增加对外服务供给，推动其向服务型企业转变。这些对提升制造业的质量和竞争力具有战略意义。

因此，在高质量发展中，我们需要深刻把握服务型制造发展的战略趋向。从以下三个方面着力：第一，利用现代信息技术对企业进行改造，提升工业设计、物流管理、用户需求跟踪、供应链管理、流水线管理能力。第二，促进生产性服务业的发展。发达国家生产性服务业占整个服务业的比重一般在25%以上；而我国目前这一比重是15%。生产性服务业的发展空间大。其中生产性服务业的核心是知识密集型服务业，围绕知识密集型服务业发展研发服务和营销服务，为高质量发展建立专业服务体系。第三，积极探索敏捷制造、智能制造、虚拟制造等先进模式，提升服务型制造发展质量。

3.8 战略趋向之八：区域协调发展推进高质量发展

随着我国区域发展战略的稳步推进，区域政策和空间布局进一步完善，各区域的比较优势将进一步得到发挥，从而构建起全国高质量发展的新动力源，区域发展的稳步推进将为我国高质量发展提供重要支撑。

区域均衡发展与非均衡发展是一个结构优化的问题，也是高质量发展中需要正确处理的关系。在高质量发展背景下，谋划区域发展格局面临着两难选择：一方面中心城市的首位度不高，城镇体系不健全，需要继续加快城镇化的进程；另一方面区域发展不平衡，区域差距呈现出不断拉大的趋势。习近平同志指出，要"打破行政壁垒、提高政策协同，让要素在更大范围畅通流动"。

从区域经济学来说，区域协调发展有利于解决区域均衡发展与非均衡发展问题，从四个方面来推动高质量发展。第一，区域协调发展降低了过去的恶性竞争所带来的种种损失，是一种巨大的节约；第二，区域协调发展降低了各个地区之间的交易成本，使得要素和产品的流动更自由，消费者的福利得以提升；第三，区域协调发展具有学习效应，使得那些相对落后的地区能够更快地学习先进经验，实现知识溢出；第四，区域协调发展带来了产业集聚效应和分工效应，使得市场分工不断细化、产业不断集聚，市场交易规模不断扩展，最终推动了区域高质量发展。

因此，在高质量发展中，我们需要深刻把握区域协调发展的战略趋向。从三个方面着力：一要构建良好的协调机制，从"产业协调机制—区域协调机制—分工合作机制—交流学习机制"四个方面构建区域高质量发展的互动协调机制，增强合作动力，更好地发挥区域协调发展的规模效应、集聚效应、同群效应、分工效应和学习效应。这方面应注意借鉴"长三角"的协调发展经验。二要强化中心城市的核心优势，继续保持和提升中心城市的竞争力。三要贯彻新发展理念，缩小区域的差距，在体制变革上下大力气，避免区域发展中可能出现的明显的不均衡问题。

3.9 战略趋向之九：生态环境保护助力高质量发展

纵观世界各国的工业化发展历程，工业化进程往往伴随着对生态环境的严重污染和破坏，对高质量发展带来诸多不利影响，反观中国的工业化进程也有着类似的经历。在工业化发展前期，受制于经济、社会、文化等基础条件的限制，为了推动经济的快速发展，扩大经济规模总量，中国主要采取粗放型的发展模式，产业结构相对滞后，对资源依赖较大，而且发展过程中往往投入大量的资源要素，未能充分考虑资源利用效率，多投入并未获得有效产出，导致生态环境遭到一定程度的破坏，人与自然矛盾日益凸显，由此滋生了各种环境问题。高质量发展和五大发展理念紧密相连，具有深层一致性，且作为五大发展理念之一，绿色发展在经济高质量发展中具有优先性。

资源与环境经济学告诉我们，环境对经济存在重要的促进作用。促进作用表现为两个方面：第一，自然生态系统是社会经济系统的承载本体，其发展质量的高低在很大程度上也决定了社会经济系统的高质量与否；第二，生态环境因素可以通过适当的政策渠道内化到社会经济系统中，典型的例子包括环境税、排污许可、生态补偿等，环境管治的不同模式与手段会影响到经济高质量发展的方向和速度。因此，高质量发展将有别于过往以量为先的经济发展，它不仅仅关注经济增长，同时也关注资源、环境、生态、社会等，并将环境发展等充分纳入了内涵。而在目标层面上，高质量发展提出"努力实现更有效率、更可持续的发展"，即要求以更少的资源投入创造更多的价值，并考虑发展在代际间的公平性，这与环境保护、生态文明建设具有内在统一性。总体而言，生态环境保护与经济高质量发展之间存在着良性互动关系。

因此，在高质量发展中，我们需要深刻把握生态环境保护的战略趋向。从三个方面着力：一要继续加强生态环境保护，特别是对大气环境、土地环境、水环境的保护，扩大生态保护用地（特别是加强对城市绿心的建设和保护），筑造城市生态保护屏障，为人民生产生活营造一个"绿水青山"的环境。二要加快资源消耗和环境污染较严重产业的转型和升级，大力发展绿色产业。通过绿色改造等方式，完成高消耗高污染企业生产工艺技术的更新改造，逐步实现绿色生产、清洁生产，把握"绿色工业革命"的契机，最终建立起绿色与效率并存、经济与环境协调的产业体系，进而提高绿色经济发展水平和经济发展质量。三要促进新兴绿色产业的发展，挖潜新兴绿色产业对于提高社会效益、经济效益、环保效益的作用，进而助力经济高质量发展。

3.10 战略趋向之十：共享发展聚力高质量发展

指导高质量发展需要摆脱贫困人民的发展经济学转向富裕人民的经济学。中等收入阶段富裕人民不光光是提高人民的收入，而且涉及增加居民的财产性收入，另外还包括，能够享有更多的公共财富，扩大社会保障覆盖面，城乡基本公共服务实现均等化。这就需要共享发展，而共享发展目标不仅反映的是中等收入国家发展阶段特征，更是高质量发展的一个根本的要求。

从社会学来说，共享发展是关系我国能否顺利跨越"中等收入陷阱"、实现现代化强国目标的关键问题。党的十九大报告强调，增进民生福祉是发展的根本目的，必须多谋民生之利、多解民生之忧，在发展中补齐民生短板、促进社会公平正义保证全体人民在共建共享发展中有更多的获得感，不断促进人的全面发展、全体人民共同富裕。在经济发展过程中，做大蛋糕和分好蛋糕不是矛盾的，而是统一的。经过40多年的快速发展，"蛋糕"逐步做大，同时收入差距、财富差距等分配问题也凸显出来。当前，分好"蛋糕"和做大"蛋糕"同样重要，更好的分配有利于激发各种生产要素特别是劳动者的积极性，进一步扩大中等收入群体，提升全社会的购买力和稳定性，创造更大规模的市场，反过来进一步促进经济效率的提升。

因此，在高质量发展中，我们需要深刻把握共享发展的战略趋向。从四个方面着力：一要提高社会保障水平，健全农村社会保障体系，打造完善的医疗保障系统，避免农村人口因病积贫、因病返贫，从而构建和谐稳定的乡村环境，缩小区域城乡发展差距、城乡居民收入差距；二要完善公共交通系统，并结合重要交通节点，实现公共交通无缝对接，最大限度地提高公共交通的运输能力和服务水平；三要加强民生兜底保障，支持残疾人就业，不断加大棚户区改造财政支持力度；四要以人为本，切实处理与人民群众切身利益相关的问题，加快构建运行良好的社会治理机制。

3.11　本章小结

　　高质量发展背景下发展的格局与内涵要更为丰富，它以总量为基准，但又不仅仅关注经济总量，还包含对经济效率、经济结构、可持续、社会保障等多个角度的多维衡量。本书认为，"十四五时期"需要把握高质量发展的十大战略趋向——"内循环"体系助力高质量发展、经济结构升级推动高质量发展、自主创新引领高质量发展、新经济驱动高质量发展、传统产业转型升级支撑高质量发展、消费拉动高质量发展、服务型制造促进高质量发展、区域协调发展推进高质量发展、生态环境保护助力高质量发展、共享发展聚力高质量发展。

4 高质量发展核心要义

本章给出高质量发展的定义、内涵、特征。高质量发展是满足人民日益增长的美好生活需求的发展，是新发展观的具体体现。它强调民生的重要性、环境的重要性，是一种包容的、普遍的发展，是一种实现经济发展、社会发展和生态环境发展同步的"共同进化"的发展，能够更好地满足人民不断增长的真实需要。这种发展方式不仅要注重生产的有效性和发展的公平性，而且考虑生态环境建设以及人的全面发展，因此，高质量发展的内容包括经济高质量发展、社会高质量发展和环境高质量发展。

4.1 质量的内涵与特征

4.1.1 质量的内涵

质量是产品或工作的优劣程度。质量具有两个层面的内涵：从自然属性角度，质量是商品的物质属性，是产品符合规格的程度，即生产的产品与提供的服务符合一组特定的规格，这些规格通常以一组数据来测定；从社会属性角度，质量是商品的适用性，是产品满足一定社会需要的能力或程度。质量是商品满足顾客的要求，即生产的产品与提供的服务满足顾客使用预期和消费预期的程度，这是质量的社会属性。质量的实质是一种价值判断，这意味着有价值判断体系的存在。质量问题多年来一直被看作是技术问题或技术经济问题。

4.1.2 质量的五个特征

质量具有以下五个方面的特征：一是质量的载体可以是不同领域的任何事物；二是质量具有多维性，质态反映的就不是单一的维度；三是具有主观性，无数的个人偏好加总为社会偏好，是质量评价的难点；四是质量所需达到的要求或期望通常是相对的、动态的、变化的；五是质量可以用好坏、优劣等词语来描述和修饰。

4.2　高质量发展的定义

本书认为，高质量发展有狭义和广义的理解。从狭义上说，高质量发展一般指经济高质量发展，表现为高质量的经济增长、高质量的资源配置，以及高质量的投入产出。从广义上说，高质量发展包括高质量的生态环境和高质量的社会保障，更强调经济效益、社会效益与环境效益的结合，体现了人与经济社会的包容性增长。因此，高质量发展是指一个国家或区域经济社会发展在数量增长的基础上，实现更高质量、更有效率、更加公平、更加可持续、更加安全的发展，包含经济高质量发展、社会高质量发展和环境高质量发展。

——从经济维度，高质量发展的首要目的是经济发展，其核心是在保持一定经济增长的前提下，通过结构优化、效率提升及创新驱动，实现全要素生产率的提高，加快实现经济发展质量变革、效率变革和动力变革。

——从社会维度，高质量发展强调以解决社会主要矛盾为基本出发点，能够更好地满足人民日益增长的美好生活需要，给人们带来更大的获得感、幸福感、安全感。具体言之，能够给人们提供更加丰富、更高质量、更高层次、更低成本的民生产品和服务——民生产品或服务的种类、数量、质量、层次、水平，这是反映一个国家人民生活质量和水平、社会发展质量和水平的重要标志。

——从环境维度，高质量发展强调在经济增长的基础上和生态承载能力范围内，通过合理高效配置资源，形成经济、社会、环境和谐共处的绿色、低碳、循环发展过程，最终实现可持续发展的要求。

4.3　高质量发展的核心内容

高质量发展是满足人民日益增长的美好生活需求的发展，是新发展观的具体体现。它强调民生的重要性、环境的重要性，是一种包容的、普遍的发展，也是一种实现经济发展、社会发展和生态环境发展同步的"共同进化"的发展，能够更好地满足人民不断增长的真实需要。这种发展方式不仅要注重生产的有效性和发展的公平性，而且考虑生态环境建设以及人的全面发展，因此，高质量发展的内容包括经济高质量发展、社会高质量发展和环境高质量发展。

4.3.1 经济高质量发展

经济高质量发展不仅表现为经济总量上的持续稳健增长，而且表现为质量的持续提高，使经济从总量扩张向质量第一、结构优化、效率提升、创新驱动转变。

4.3.1.1 经济高质量发展的战略性

高质量发展是我国经济发展的重要战略导向。党的十九大报告指出，"我国经济已由高速增长阶段转向高质量发展阶段，正处在转变发展方式、优化经济结构、转换增长动力的攻关期"。习近平同志在党的十九大报告中 16 处提到质量。在高质量发展新思想的指导下，中国经济从过去的规模型向效益型转变，从赶超战略、重工业优先发展战略向内生禀赋结构的产业及技术战略转变，从过分强调需求而忽视供给管理向供需管理并举的方向转变就成为一种大势所趋。2019 年从拉动经济增长的"三驾马车"来看，最终消费支出对 GDP 的贡献率为 57.8%，资本形成总额的贡献率为 31.2%，货物和服务净出口的贡献率为 11.0%。分析可见，最终消费支出和资本形成总额两项构成的内需对经济增长贡献率达到 89.0%，其中，最终消费支出贡献率比资本形成总额高 26.6 个百分点。这说明在国际环境复杂、外部需求波动的情况下，内需对于稳定经济运行的压舱石作用明显。同时，内需结构在持续改善——中国经济正呈现向高质量发展转变的态势，但不容忽视的是我国经济转型不易，发展存在对房地产的路径依赖——出于拉动本地 GDP 和获得土地出让金收入的目的，地方政府、开发商、金融信贷机构合作，房地产正成为影响中国经济增长的支柱产业；但是，这样的产业结构从根本上来说，不是由于技术创新和产业升级驱动的，而是存在着较严重的泡沫成分。尽管国家相继出台了一系列降杠杆、债转股的政策措施，但稳妥有序化解杠杆率风险、优化杠杆结构、稳定杠杆过快上升难度仍然较大。加之地方政府隐性债务风险增加。个别地方政府还通过投贷联动、PPP、产业基金等渠道变相举债，隐性债务风险积累。另外，房价水平与基础价值明显背离，房地产金融化程度加深，地方财政对土地出让收入的依赖程度仍然较强。

正是由于路径依赖，必须在高质量发展的要求下，对传统经济增长进行反思，寻求高质量发展就成为重要的战略性问题。这就要求使经济从总量扩张向质量第一、结构优化、效率提升、创新驱动转变。通过结构优化使产业结构由劳动、资源密集型向知识技术密集型转变，通过效率提升使发展方式由粗放式向集约式转变，通过创新驱动使增长动力由要素驱动为主向创新驱动为主转变。

4.3.1.2 经济高质量发展的四大内容

本书认为，经济高质量发展的内容有以下四点：

——经济增长是经济高质量发展的基石。要求省市提高经济增长的水平；扩大内需，弥补外向型经济的不足，培育经济增长的动能。

——结构优化是经济高质量发展的核心。要求高端制造业销售产值占工业销售产值比重相对于高速增长阶段有显著提升，同时在这一阶段降低房地产业占GDP比重，落实"房子是用来住的，不是用来炒的"的要求；并合理把握第三产业占GDP比重、第三产业与第二产业之比及投资与消费之比，从根本上改变供给结构与消费结构升级不适应的突出矛盾，使消费结构升级成为高质量发展的内生动力。

——效率提升是经济高质量发展的关键。要求以最少的要素投入获得最大的产出，实现资源配置优化。既表现为要素利用配置效率高，如投入产出效率高、单位GDP能耗低、产能利用率高、实现绿色低碳发展等，又表现为使微观经济主体得到恰当的激励，促进企业家与职工等各类微观经济主体之间的利益协同。

——创新驱动是经济高质量发展的动力。要求以科技创新驱动高质量发展，贯彻新发展理念，加大创新投入力度，提高创新产出，构建符合高质量发展的技术创新体系。

4.3.2 环境高质量发展

本书认为，环境高质量发展是在环境质量有效供给的基础上，通过污染减排来减轻社会经济活动对生态环境造成的压力，减少废弃物和环境有害物排放；通过资源利用提高资源利用效率，以较少的资源能源消耗和环境破坏实现经济发展；通过环境管理，限制和控制损害环境质量，最终实现经济、社会、环境和谐共处的优化过程。

在内涵层面，环境高质量发展是高质量发展的重要部分，要求经济发展应当是健康可持续的，不仅仅关注眼前的利益，更关注今天的使用不应减少未来的实际收入，体现经济的可持续性；在目标层面，环境高质量发展要求以更少的资源投入创造更多的价值，这与高质量发展理念一致——高质量发展的核心理念是"努力实现更有效率、更可持续的发展"；在效果层面，环境高质量发展不仅仅要求保护环境，而且要通过带动环保投资，发展绿色产业，创造"绿水青山就是金山银山"，从而对经济高质量发展起到有力的促进作用。

4.3.2.1 环境高质量发展的战略性

良好的生态环境不仅是可持续发展的前提，也是人民美好生活需要的重要组成部分，对提高效率和改善福利的追求，不能以损害生态环境为代价，而应该努力使其相辅相成、相互促进。当然，在平衡发展效率和保护生态环境中，也要注意发展阶段变化和不同阶段的主要矛盾。在发展初期温饱问题尚未解决的情况下，发展是一个主要矛盾，难免会付出一定的生态环境代价；到温饱问题基本解决到发展进入较高阶段之后，生态环境对于可持续发展和民生改善的重要性就会凸显出来。如果说，高质量发展具有一定的相对性或阶段性的话，那么，改善生态环境状况和大力提升发展的生态环境友好水平，是现阶段推动高质量发展的一个最显著的特征。随着发展阶段的提升，对生态环境的要求也越来越高。改善生态环境状况和提高发展的生态环境友好水平，既需要大力促进科技进步，也需要改革创新，探索政府和市场更为有效的结合方式。

4.3.2.2 环境高质量发展的四大内容

本书提出，环境高质量发展的内容有以下四点：环境质量是环境高质量发展的有效供给；污染减排是环境高质量发展的有效手段；资源利用是环境高质量发展的有效路径；环境管理是环境高质量发展的有效保障。

（1）核心内容之一：环境质量。

环境质量是环境高质量发展的有效供给。环境质量是指以人类为中心的、环绕人们周围的各种自然因素的状态。环境高质量发展要求改善大气质量、加强土地保护、缓解水资源压力等，提升民众的幸福感与获得感。本书采用的环境质量指标由环境状态和生态状态表征，选用全年优良天数比例评价环境状态，能够综合、直观地表征省市的整体空气质量状况和变化趋势；生态状态评价指标包括建成区绿化覆盖率、受保护地占国土面积比率、土地利用及淡水压力，用来反映环境整体的状态及稳定性。

（2）核心内容之二：污染防治。

污染减排是环境高质量发展的有效手段。污染减排是指减轻人类社会经济活动对生态环境造成的压力，减少废弃物和环境有害物排放，产生正的外部性。高质量的污染减排，告别传统的"资源—生产—废弃物"单项流动的线性生产模式，形成"资源—产品—废弃物—再生资源"循环流动的生产模式，降低生产的边际成本和末端治理费用，提供高质量的绿色产品和服务。污染减排指标主要由排放强度、环境建设和绿色生活三大类构成，排放强度表征人类社会经济活动对生态环境造成的压力，包括 CO_2 排放强度、SO_2 排放强度、COD 排放强度、氨氮排放强度、工业废水排放量及城镇生活垃圾填埋处理量；环境建设体现省市控制污染防治所进行的努力，包括城市生活污水集中处理达标率和生活垃圾无害化处理率；绿色生活反映省市控制污染排放所取得的成效，采用农村卫生厕所普及率和城镇每万人口公共交通客运量衡量。

（3）核心内容之三：资源利用。

资源利用是环境高质量发展的有效路径。资源利用是指提高资源利用效率，以较少的资源能源消耗和环境破坏实现经济发展。高质量的资源利用，促进资本要素由资源利用效率低、环境污染高的部门向资源利用效率高、环境友好的部门流动，提高资源配置效率，促进绿色技术的研发与扩散，拓展资源利用支持可持续增长的能力。资源利用指标由结构优化指标和资源产出构成。结构优化指标主要表征社会经济系统能源结构的合理性，通过结构调整降低社会经济活动对环境的影响，采用能源产出率、水资源产出率、建设用地产出率评价；资源产出指标表征社会经济活动利用资源的效率提升情况，采用煤炭消费占能耗总量的比重评价。

（4）核心内容之四：环境管理。

环境管理是环境高质量发展的有效保障。环境管理是指运用经济、法律、技术、行政、教育等手段，限制和控制损害环境质量，实现经济、社会、环境的和谐共处。环境高质量发展通过加大环境管理投入、加强环境治理，提供更多的优质生态产品，满足民众日益增长的对优美生态环境的需要。环境管理指标由环保投资指标构成。从机理上看，环保投资指标能够体现省市对于环境管理的投入，满足民众日益增长的对优美生态环境的需要。

4.3.3 社会高质量发展

社会高质量发展强调以社会主要矛盾为基本出发点，能够更好地满足人民日益增长的美好生活需要，给人们带来更大的获得感、幸福感、安全感。具体言之，能够给人们提供更加丰富、更好质量、更高层次、更低成本的民生产品和服务——民生产品或服务的种类、数量、质量、层次、水平，是反映一个国家人民生活质量和水平、社会发展质量和水平的重要标志。

4.3.3.1 社会高质量发展的战略性

在新时代下，我国社会矛盾已经转化为人民日益增长的美好生活需要和不平衡不充分发展之间的矛盾。在高质量发展阶段，人们的闲暇偏好增加，对生活品质的需求也在不断提高。新时代下人们生活期盼有更好的教育资源、更完善的基础设施、更高水平的医疗卫生条件、更优美的居住环境，而这一切就需要我们放弃对手速度的偏好，更加重视发展质量，从而实现人民生活质量的长期提高。

因此，高质量发展更为注重满足人民在各方面日益增长的高层次需求，更好地推动人的全面发展、社会的全面进步，人民对美好生活的需要将得到不断的满足。这一阶段，改善民生和富民产业将成为高质量发展的重点；同时扶贫也是高质量发展阶段的艰巨任务。人民生活质量的提高应当是全社会水平的共同提高。高质量发展需要我们努力克服民生健康水平的区域发展不平衡的问题，着力实施普惠性的民生工程，满足多样化的民生需求，在优质教育、医疗、养老和住房方面，做好协调发展和统筹规划。

4.3.3.2 社会高质量发展的三大内容

本书认为，社会高质量发展的内容有以下三点：

——民生优化是高质量发展的重要基点。推动高质量发展的过程，就是民生优化的过程。经济高质量发展成果惠及民生，必然要求扩大基本公共服务覆盖面，提高基本公共服务保障水平，推进基本公共服务，实现教育、医疗、养老等的均等化。

——城乡统筹是高质量发展的内在要求。城乡统筹发展是指改变"城市工业、农村农业"的二元思维方式，将城市和农村的发展紧密结合起来，统一协调，全面考虑，积极推进乡村振兴战略，构建新型城乡关系，实现城乡更加充分、更加平衡的发展。

——社会和谐是高质量发展的温暖底色。经济高质量发展最终目的是造福于人民，提高各个阶层的人民福祉，要求在经济增长中每个社会阶层的福祉都能随着增长而增长，虽然各个社会阶层的福祉增长水平有所不同，但必须都能够有其应有的增长，但过度福祉增长分化也会形成社会的不稳定。因此，实现社会和谐就必须实行良好的税收制度与社会保障制度，实现初次分配强调效率、再分配更加注重公平的有效社会财富调节机制，消灭贫困是社会和谐的底线和长期举措。

4.4　高质量发展的六大特征

本书认为，高质量发展具有六大特征——发展性、多维性、创新性、协调性、可持续性及复杂性。

4.4.1　特征之一：发展性

高质量发展离不开经济的一定程度的增长。高速度增长与高质量发展是相互联系、前后衔接的发展过程。与高速增长阶段相比，高质量发展不只是 GDP 数量的增加，而是社会所生产、人民所消费的物品和服务种类的增多，满足人们需求的程度更高，给人们带来的福利效应更大，产业体系更加齐全、产业层次更加高端、生产技术更加先进、产品种类更加丰富，实现了由无到有、由有到优，由制造到创造、由产品到品牌、由生产到技术的优化过程，因此，高质量发展是在数量增长的基础上，实现更高质量、更有效率、更加公平、更可持续的发展，具有发展性。

4.4.2 特征之二：多维性

高质量发展反映的是经济社会质态，不仅体现在经济领域，而且体现在更广泛的社会、生态等领域。高质量发展以新发展理念为指导，是顺应社会主要矛盾变化，人民美好生活需要得到满足的发展，囊括经济领域、环境领域、社会领域等多方面，不仅包括经济领域的高质量发展，也包括社会、环境等领域的高质量发展，因此要在经济高质量发展的基础上，同时处理好经济高质量发展与社会高质量发展、环境高质量发展的关系。

与过去高速度增长不同的是，高质量发展特指经济增长处于合理区间的发展，突出质量更高、效率更高的可持续发展，以抛弃经济增长数量为单一准则的发展方式，转向以创新驱动、消费拉动、产业升级等多维度准则的经济发展方式，是对过去的发展理念、发展方式、发展战略、发展动力、发展目标的升级版。总而言之，高质量发展既强调提质增效，又重视变革。

概而言之，高质量发展是全方位的变革，不仅仅是经济方面的质量、效率、动力变革，更是各领域各行业质量、效率的提升和结构的优化，朝着更加合理、科学的方向迈进，高质量发展的最终目的是满足人民美好生活的需要。因此，高质量发展具有多维性。

4.4.3 特征之三：创新性

高速增长的重要特征是要素投入和规模扩张；而高质量发展的重要特征是创新性。习近平同志指出，抓创新就是抓发展，谋创新就是谋未来。创新成为高质量发展的第一动力。在高质量发展中，配置科技创新的土壤，提高科技创新整体实力，增加源头的供给，加速推进产学研一体化，推进建设新型研发机构和科技创新平台，不断完善对基础研究和原创性研究的长期稳定支持机制。在强化原始创新、协同创新、开放创新的过程中，构建全方位、多层次的科技创新格局，为高质量发展培育新动力。瞄准智能化的新趋势，集聚重点领域和战略性新兴产业，开展科技攻关，优化科技创新的环境，深化科技体制改革，优化科技创新资源的配置，坚持市场导向组织开展研究与创新，完善科技投融资体制，引导社会资金进入科技创新领域，发挥金融资本的作用。与高速增长阶段相比，高质量发展阶段，科技教育体制改革将得到深化，同时科技成果向生态化转化的能力显著提升；科研人员流动的体制障碍也会得以改善。这样，在创新的推动下，全要素生产率会跨上新的台阶，科技创新成为驱动高质量发展的第一动力。因此，高质量发展具有创新性。

4.4.4 特征之四：协调性

高质量发展阶段，经济结构更加合理，产业部门之间发展的协调性更强，新型工业化、信息化、城镇化、农业现代化同步发展，发展的全面性不断提高。城乡区域之间实现融合发展、联动发展、均衡发展，发展差距明显缩小，发展成果共享程度更高。经济系统中主要平衡关系，譬如，实体经济部门中物品和劳务总供求之间的平衡关系、货币金融部门中货币总供求之间的平衡关系、实体经济本部与货币金融部门之间的平衡关系，以及对内和对外经济部门之间的平衡关系更加协调，从而经济运行更加稳健，系统性风险更小。因此，高质量发展具有协调性。

4.4.5 特征之五：可持续性

高速增长的特征是高速度、高投入、低质量和低效益；而高质量发展是高速增长提高到一定水平后更高层次的目标，是在数量的基础上面对质量的进一步追求，抛弃了过去一味地追求速度的发展目标，而力求发展的可持续性。在高质量发展阶段，生态文明成为千年大计，可持续发展成为高质量发展的重要目标和追求。这样，衡量高质量发展不仅仅看经济规模、经济总量，而是追求经济的可持续性，要统筹经济发展和生态环境的关系。因此，高质量发展具有可持续性。

4.4.6 特征之六：复杂性

与高速度发展相比，高质量发展呈现出复杂性，两难或多难问题多。经济高质量发展中，受学习曲线等规律的制约，大多数产业的升级是一个长期爬坡积累的过程，需要精准把握除旧迎新的节奏和力度，否则可能"腾了笼来不了新鸟"，打乱经济正常循环。处置风险可能导致潜在、隐性风险演变成现实、显性风险，处置过程中可能衍生出更隐蔽更难监管的风险，处置不当还容易出现次生风险，都会影响经济高质量发展。在环境高质量发展中，提升环境质量与短期经济平稳运行、保障就业也存在矛盾。在社会高质量发展中，由于收入层次拉大，不同收入人群对需求偏好差别很大，使社会达成共识更加困难。因此，高质量发展具有复杂性。

4.5 本章小结

高质量发展有狭义和广义的理解。从狭义上说，高质量发展一般指经济高质量发展，表现为高质量的经济增长、高质量的资源配置，以及高质量的投入产出。从广义上说，高质量发展更强调经济效益、社会效益与环境效益的结合，体现人与经济社会的包容性增长。包括高质量的生态环境和高质量的社会保障。因此，高质量发展是指一个国家或区域经济社会发展在数量增长的基础上，实现更高质量、更有效率、更加公平、更可持续、更加安全的发展，包含经济高质量发展、社会高质量发展和环境高质量发展。高质量发展的特征有以下六点：发展性、多维性、创新性、协调性、可持续性及复杂性。从经济高质量发展来说，核心内容有以下四点：经济增长是经济高质量发展的基石，结构优化是经济高质量发展的核心，效率提升是经济高质量发展的关键，创新驱动是经济高质量发展的动力。环境高质量发展是在环境质量有效供给的基础上，通过污染减排减轻社会经济活动对生态环境造成的压力，减少废弃物和环境有害物排放；通过资源利用提高资源利用效率，以较少的资源能源消耗和环境破坏实现经济发展；通过环境管理限制和控制损害环境质量，最终实现经济、社会、环境和谐共处的优化过程。社会高质量发展的核心内容有以下三点：民生优化是高质量发展的重要基点，城乡统筹是高质量发展的内在要求，社会和谐是高质量发展的温暖底色。

5 部分发达国家首都高质量
发展启示

转型成功的城市对于我国探索高质量发展具有启示与借鉴价值。伦敦和东京在城市环境保护与绿色发展方面的表现尤为突出，当前均为都市环境保护与绿色发展的典范。以低碳发展为例，2003 年，英国率先在《我们能源的未来》白皮书中提出"低碳经济"，日本随后提出"低碳社会"，推动"低碳"问题引起国际社会广泛关注，而低碳城市逐渐成为低碳经济与低碳社会的空间聚焦点，而两个国家的首都分别成为了各自国家低碳城市发展的先行者，且发展成效显著。通过比较世界发达城市环境高质量的发展历程与关键举措，可获得相应的高质量发展经验借鉴。

5.1 伦敦环境高质量发展的四个措施

伦敦作为历史上有名的"雾都"，经过产业结构调整、能源消费的转变、人们生活方式的变革、城市发展的转型，现在依然为名副其实的绿色城市。研究伦敦的发展模式与环保历史有助于我国城市合理地构筑低碳经济发展战略，也有助于实现高质量发展。

5.1.1 环境质量是城市低碳绿色发展的重要途径

在大气环境质量方面，经过长达半个世纪的治理，伦敦基本实现了"云开雾散"。图 5-1 反映了伦敦半个世纪空气污染治理的成果：二氧化硫、煤烟污染物浓度曲线呈大幅度下降趋势，二氧化硫和煤烟的浓度分别由超过 $400\mu g/m^3$ 和近 $300\mu g/m^3$ 降低到低于 $50\mu g/m^3$ 的水平。年均雾霾日数由 19 世纪末的 3 个月左右降低到 21 世纪的不到 10 天。当前，虽然伦敦与很多国际大都市一样，仍存在雾霾污染，但其治理成效已十分显著。

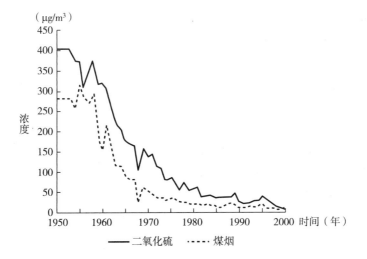

图 5 - 1　伦敦治理雾霾成果

在水环境质量方面，泰晤士河是伦敦的"母亲河"，承担着伦敦70%的供水来源。自1858年夏季爆发"大恶臭"后，政府把对水环境的治理提高到前所未有的高度。经过治理，泰晤士河水质恢复到了17世纪的面貌，并达到了饮用水标准。如今的泰晤士河被公认为是流经都市地区水质最好的河流。① 在声环境方面，噪声一度是伦敦投诉最多的环境污染之一。为了打造宜居都市，伦敦市制定了控制噪声战略以创造更加宁静的城市生活。战略分三个阶段循序渐进控制都市噪声，并于2005年出版了当时世界上最大的官方噪声地图《伦敦道路交通噪声地区》，以促使噪声源远离噪声明暗区域，逐步改善了都市的声环境质量②。

在生态保护方面，伦敦在城市生物多样性方面取得的傲人记录，使其成为国际公认的领先者。伦敦仅市级自然保留地就有130多处，还有一些由废弃的铁路、水库、墓地、垃圾填埋场等改建而成的半自然保留地，总保留地面积达到了城市总面积的近20%。由此，伦敦拥有着1500多种树、300多种鸟类。而流域面积达到23平方千米的泰晤士河成为了伦敦最大的野生动物保护点。生物多样性已经成为衡量伦敦环境状态和居民生活质量的一个关键指标。一般认为，野生动植物保护地总在人迹稀少的地方，但伦敦的经验表明：城市有能力保留具有自然风貌和适宜野生动物生存的自然栖息地。

---

① 张健，丁晓欣，朱佳，高静思 . 伦敦水污染治理策略［J］. 环境与发展，2019（8）：62 - 63，65.

② 顾俊财 . 英国：道路交通噪声地图［J］. 安全与健康，2005（8）：54.

在土地利用方面，伦敦强调"城市绿带"的建设，自1955年起正式以立法形式将"城市绿带"建设作为一项重要城市规划控制手段，以进一步提升都市绿化率。首先，在建设规模上，伦敦不断扩大城市绿地规模，提高城市自然绿地表面覆盖率。伦敦市内绿地、水体面积占土地总面积2/3，城市外围所建大型环形绿地面积达到城市面积的2.82倍，大大缓解了伦敦的城市热岛效应与热岛环流。其次，在布局方式上，伦敦的绿地规划有机结合了城市交通与开放空间系统，极大改善了伦敦的大气生态环境。伦敦提出了步行绿色道路网络、自行车绿色道路网络和生态绿色道路网络，优化了城市绿色道路系统；同时，伦敦建成楔入式环城绿带——居住区间以软质物缓冲，并与楔形绿地、绿色廊道、河流等形成了绿色网络。① 最后，在空间形态上，为营造良好的城市通风系统，伦敦在城市中顺应风向建设带状绿地网络，以促进城市风道畅通和空气循环流动。

5.1.2 污染减排是城市低碳绿色发展的有效手段

污染减排是伦敦市通往当前良好生态状态的必由之路，其中以大气污染物和水污染物的防控经验尤为值得借鉴。

在大气污染物控制方面，针对工业这一空气污染物的主要来源，20世纪的伦敦市强化环境立法，控制煤烟排放，并结合城市产业布局规划将工业外迁，控制城市中心区工业污染源，以降低大气污染物浓度，缓解城市雾霾现象；同时，积极改变能源结构，加大清洁能源比例。伦敦城市中心工业污染源被移至城市外围，形成了城市中心区以第三产业为主的新产业布局模式。从此，伦敦城市工业污染源基本消失，能源结构也相应改变，市内煤烟排放量大幅降低，伦敦雾霾现象由此开始根本好转。随着私人汽车的普及，交通污染取代工业污染成为大气污染的首要因素。对此，伦敦市进行了绿色交通体系规划建设，包括优先发展公交网络，建立高速可达的地铁、火车和公共汽车组成的立体交通网；规划绿色步行与自行车网络体系，并设立数百个自行车租赁站，鼓励绿色出行；建立智能交通循环系统，减缓并整治交通拥堵；采用设立"交通拥堵费"、提高燃油税和停车费等管理方式来抑制私车发展；并进行环境立法要求新车加装催化器，大力推广新能源汽车，减少汽车尾气排放。在伦敦政府的铁腕政策下，市内汽车流量得到了有效控制，尾气排放也明显降低②。

---

① 田国行，邢俊敏，朱红梅等. 城市绿地系统规划研究的回顾与展望 [J]. 西北林学院学报，2009 (3)：199 – 204.

② 左长安，邢丛丛，董睿等. 伦敦雾霾控制历程中的城市规划与环境立法 [J]. 城市规划，2014 (9)：52 – 57.

在水污染物减排方面，针对伦敦市泰晤士河的水污染问题，伦敦市在 19 世纪中期和 20 世纪中后期分别进行过治理，而第二次治理的成效尤为突出。20 世纪 60 年代起，河段被实施统一管理，并秉承全流域治理的理念，对伦敦市原有下水道设施进行了大刀阔斧的改造。大伦敦地区的 180 个污水处理厂缩减合并为十几个较大的污水处理厂，各类下水道和污水处理设施的布局得到了合理的重设；而设施也得到了相应的升级改造，污水处理技术得到了革新。除了对污水处理设施进行技术改造外，工厂的污水排放也进行了严格的控制，如对沿河工业企业严加监督，规定除了经过净化处理的水以外，任何其他东西排入泰晤士河都是非法的。伴随着当地产业的升级改造及经济模式的转换，原本对伦敦市水体造成大量污染的煤气厂、造船厂、炼油厂等工业企业相继关闭，代之以各类文化和服务机构。这一系列措施与变革降低了水体污染物的排放，大大缓解了伦敦市水环境污染状况①。

5.1.3 资源利用是城市低碳绿色发展的有效路径

在资源利用提效方面，伦敦市的能源结构变革值得借鉴。伦敦市的能源结构中天然气占到了 50%以上，而电力占比将近 20%。相关举措包括：高效使用能源，确保能源需求最小化，如提高家庭、商店、交通的能源利用效率，鼓励更多地使用公共交通、步行、自行车等方式出行；使用可再生能源，尽可能使用零碳排放能源，如通过太阳能、风能和生物能技术的发展使用潜在的快更新能源；在无法使用可再生能源的地方，尽可能地使用高效供给能源，如采用热电联产的方式，满足能源的高利用率。

值得一提的是，相关政策的出台成为推动伦敦市的能源结构变革的重要制度保障，包括《市长的能源战略》（*The Mayor's Energy Strategy*）、《今天行动，守候将来——伦敦市长能源战略和应对气候变化行动方案》（*Action Today to Protect Tomorrow—The Mayor's Climate Change Action Plan*）、《伦敦未来能源战略的实现——市长能源战略修正案》（*Delivering London's Energy Future—The Mayor's Draft Climate Change Mitigation and Energy Strategy for Consultation with the London Assembly and Functional Bodies*）等。

《市长的能源战略》明确提出了伦敦的能源战略目标为"减少城市用能对于健康和环境的负面影响，满足城市工作和生活对城市能源的基本需求，通过扩大和推广清洁能源技术为伦敦的经济发展做出贡献"，一方面通过《伦敦规划》、《伦敦规划政策体系》、《分区发展规划》（*Unitary Development Plan*）、《建设项目

---

① 高晓龙. 水污染治理的国外借鉴［J］. 中国生态文明，2014（2）：70 – 75.

能源评估以及补充规划指引》（*Supplementary Planning Guidance*）以逐步落实各项能源政策和节能措施；另一方面政府通过与相关机构的密切合作以及与各城区政府签署实施承诺来进一步推动能源战略的实施行动。《今天行动，守候将来——伦敦市长能源战略和应对气候变化行动方案》提出了一系列政策方向，包括：推行绿色家庭计划降低居民生活碳排放；帮助商业领域提高减少碳排放的意识；降低地面交通运输的碳排放；航空业减排；市政府以身作则；设计减少水耗建筑以适应未来更炎热的气候。[①]《伦敦未来能源战略的实现——市长能源战略修正案》明确了伦敦能源发展的三大目标：第一，在 2025 年实现二氧化碳相对于 1990 年排放量减少 60%；第二，建成高效、独立、安全的能源供应体系；第三，在 2025 年成为全球碳金融中心，成为引领低碳经济市场的世界城市之一。在以上战略目标的基础上，制定了能源供应、民用、商用、交通领域的能源政策和实施动议，确立了伦敦 2010~2025 年的能源供应体系建设框架与具体措施。

5.1.4 环境管理是城市低碳绿色发展的有效保障

在环境管理方面，伦敦的环保立法及城市规划始于日渐严重的城市雾霾现象，且在不同的历史阶段有不同的侧重点，并取得了相应的阶段性的控制成效。

早在 1273 年，伦敦政府就开始出台限制煤炭使用的法令来控制城市煤烟排放；随后又颁布了《都市改善法》《控制工厂排烟的规定》《碱制造业控制法》《环境卫生法》等一系列法律法规。除了控制煤烟排放外，伦敦政府还尝试通过规范城市建设来改善城市环境，譬如 1875 年的《公共卫生法》中就体现了地方政府对未来建筑和街道的设计控制。然而，由于该时期系统化城乡规划的缺失，市区内以煤炭为依托的工业布局混乱，城市空间无序，污染源未能得到有效控制，城市雾霾现象日趋严重。

进入 20 世纪后，科学系统的城市规划开始逐步展开，城市环境立法也在不断完善，伦敦空气质量较 19 世纪有了一定程度的好转，城市雾霾现象逐步缓解。在城市规划的环境立法方面，1909 年伦敦市颁布了《住宅、城镇规划诸法》，开始对城市进行功能分区，并通过设立单独工业区将工业污染源隔离，以期控制大气污染。1938 年，《环城绿带法》的颁布，限制了城市盲目扩张、保护农田，并开始落实"城市绿带"概念，提升城市绿化率。而在污染控制的环境立法方面，1906 年的《制碱等事业控制法》、1926 年的《公共卫生（烟害防治）法》及 1936 年修订的《公共卫生法》均对限制城市煤炭使用做出规定，开始规定将城市工业外迁，进而加强了对城市煤烟污染的防治力度。1952 年的伦敦毒雾事件

---

① 洪亮平. 城市能源战略与城市规划［J］. 太阳能，2006（1）：13-17.

后,《清洁空气法》于 1956 年颁布,为世界上第一部空气污染防治法案,试图改变城市能源结构,加大清洁能源比例。此外,伦敦还于 1955 年正式以立法形式将"城市绿带"建设作为一项重要的城市规划控制手段,以进一步提升城市绿化率。

进入 20 世纪 60 年代,伦敦城市产业发生剧变,第三产业逐步取代工业成为城市中心区的经济支柱。在这一阶段,伦敦政府继续强化环境立法,严格控制城市污染物排放。如:1968 年,新《清洁空气法》规定了烟尘污染控制区、烟囱和冶炼炉的高度,并对一定规模以上设备配备高标准除烟设备,以降低近地面烟尘排放。1974 年颁布实施的《空气污染控制法》,全面、系统地规定了空气污染的控制条款,并开始对控制机动车燃料成分和石油燃料含硫量做出规定。新法案有效减少了污染物排放,为此后伦敦成功控制城市污染奠定了基础。到 1975 年,伦敦的雾霾天数已由每年几十天减少到了 15 天[1]。

20 世纪 80 年代后,伦敦以建设可持续的"绿色城市"为目标,进行了一系列城市规划,包括绿色交通体系、绿色开放空间系统、绿色能源、绿色建筑等,并进行相关环境立法,如 1990 年的《环境保护法》、1995 年的《环境法》、2000 年的《2000 年英国空气质量条例》、2001 年的《空气质量战略草案》、2003 年的《交通 2025》方案等。而在城市规划方面,得益于前期城市规划的制定和实施,伦敦已经在很大程度上实现了紧凑发展。2004 年,《大伦敦地区空间发展战略》由大伦敦地区政府编制完成,并在 2008 年、2011 年和 2016 年分别对其进行过修订。四个版本的《伦敦规划》都贯穿着人与自然、环境和谐相处的思想,具体目标包括:①发展方式,能应对经济发展和人口增长的挑战;②城市定位,成为一个具有国际竞争力的成功城市;③宜居社区,拥有多元、强健、安全、生活工作便利的邻里社区;④人文环境,成为一个令人感官愉悦的城市;⑤绿色环保,成为改善环境的全球领导城市;⑥城市生活,成为一个每个人都能便利、安全地参与工作、获得发展机会和使用各种设施的城市。在修订的过程中,《伦敦规划》显示出来应对各种环境问题越来越大的重视与决心。2004 版中虽然也已非常重视气候变化、洪涝风险等环境问题,对于如何将周边水域、绿化地带和气候等因素互补、协调地融入建筑和城市设计也做了明确考虑,但其对每一个具体的环境问题的阐述和规划都比较宽泛,大多只提供了一个提纲挈领式的指导方向,以明确该资源或污染在战略层面应如何设计或管理;而新版规划在应对环境问题和气候变化上花了很大笔墨,在缓解和适应气候变化方面对可能涉及的环境问题

---

① 左长安,邢丛丛,董睿等. 伦敦雾霾控制历程中的城市规划与环境立法 [J]. 城市规划,2014 (9):52 −57.

或能源使用都设定了较为明确和具体的目标，包括：缓解气候变化、适应气候变化、开发利用废弃物、水道网规划、建设绿色基础设施等①。

实现环境高质量发展，意味着转变经济发展方式，亟须整合和充分发挥多种资源和力量的作用。除了环境立法和城市规划外，伦敦市在运用金融手段促进都市低碳可持续发展方面的经验值得一提。英国作为全球的低碳先锋，早在2001年就以气候变化税收入成立了政府投资、企业化运营的英国碳基金，帮助企业和公共部门减少碳排放。而作为英国的首都、世界第一大金融中心，伦敦的碳金融发展基础好、优势明显，其以成熟的金融服务业享誉全球，并拥有众多大型金融机构，为伦敦市在低碳市场的引领下开展多层次的金融创新创造了良好条件②。随着英国和欧盟碳交易权排放体系的不断发展，伦敦市迅速发展成为英国和欧洲的碳金融中心，并具有交易规模庞大、碳交易产品丰富、参与机构众多等特征③。作为世界金融中心之一的城市以及全球最大的碳交易市场，伦敦市在发展低碳经济金融领域拥有信息、专业技术人才以及资本等方面的优势，促进着低碳发展领域的资源配置和资金融通④。

5.2 东京环境高质量发展的四个措施

在发达国家中，日本属于较早致力于环境保护与低碳绿色发展的国家。东京作为日本首都，在日本举国低碳绿色发展中更是走在前列，并成功将城市低碳绿色发展的经验扩展到东京都市圈的其他县，对我国城市群高质量发展具有借鉴价值。

5.2.1 环境质量是城市低碳绿色发展的重要途径

环境质量是城市低碳绿色发展的重要途径。环境质量是指以人类为中心的、环绕人们周围的各种自然因素的状态。东京通过改善大气质量（见图5-2）、加强土地保护、缓解水资源压力（见表5-1）等提升生态环境质量。尤其在加强土地保护方面，东京在促进城市发展的同时，十分注重乡村振兴及其生态机能、环保机能，重视农业在国土保护、水源涵养、生物多样性保护、田园景观形成、

① 孙腾，金颖. 国际大都市低碳发展策略对上海的启示 [J]. 上海节能，2017（10）：5-9.

② 吴丛司. 打造低碳城市的"英伦样本" [N]. 经济参考报，2016-04-11（004）.

③ 张攀红，许传华，胡悦. 碳金融市场发展的国外实践及启示 [J]. 湖北经济学院学报，2017（3）：45-51.

④ 刘学之，刘成，杨巍. 伦敦能源战略对北京建设世界城市的启示 [J]. 环境保护，2012（7）：79-82.

民俗文化传承等方面的重要作用，在城镇化区域保留了大片农田（生产绿地）[①]。伴随着《都市计划法》的修订，东京重新编制了城市战略规划，将绿地建设列为城市问题解决的重要途径，积极推进公园建设，提升人均公园面积。这些制度的建立有效整合扩大了绿地，保护了东京都市的农业发展。

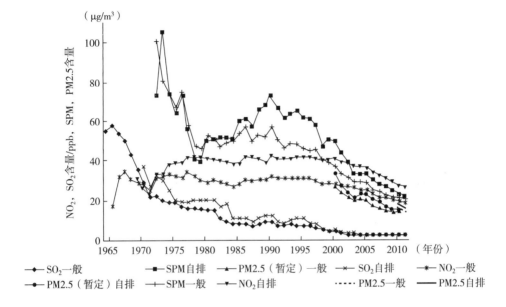

图 5 - 2　东京大气环境质量变化情况（1965～2010 年）

表 5 - 1　东京水环境治理历程

阶段	恶化阶段（1950～1973 年）	重点治理阶段（1973～1995 年）	改善阶段（1995 年至今）
水环境质量	COD 浓度升高 1.69 倍，Cd 升高 1 倍	COD 降低 46%，Cd 降低 45%，TP 降低 26%，TN 降低 36%	COD 降低 24%，Cd 降低 27%，TP 降低 26%，TN 降低 60%
治理目标	公害防治，工业污染治理	重点治理生活污水，强调源头控制	循环型社会建设，富营养化控制
控制指标	工业排水等	重金属、COD	COD、TN、TP
主要措施	逐步建立水环境保护政策；新增污水处理能力 230 万吨/日，管网普及率 48%	实施总量控制；新增污水处理能力 478 万吨/日，管网普及率 99%	强调污水资源化利用，修复水生态环境
治理效果	工业源减少，生活源突出	生活源减少，取得一定效果	水环境进一步恢复

[①]　徐金源，孙中俊. 以东京为鉴走绿色城镇化道路［J］. 唯实，2016（2）：20 - 23.

5.2.2 污染减排是城市低碳绿色发展的有效手段

污染减排是城市低碳绿色发展的有效手段。污染减排是指减轻人类社会经济活动对生态环境造成的压力，减少废弃物和环境有害物排放，产生正的外部性。高质量的污染减排，告别传统的"资源—生产—废弃物"单项流动的线性生产模式，形成"资源—产品—废弃物—再生资源"循环流动的生产模式，降低生产的边际成本和末端治理费用，提供高质量的绿色产品和服务。

东京的污染减排从传统的污染防治型向更高的层次转变，提出了减量化、再利用、再循环的"3R"理念，并采取了流域管理、将污水资源化、提高水资源利用率、建设雨水渗透设施实现地下水涵养等的举措。随着《东京都环境基本条例》《水循环保护规划》以及《构筑良好水循环系统规划》等政策的颁布实施，东京已形成了较为完善的水循环法律框架和基本制度体系。政策与立法共同促进了循环型社会的建立，强化了企业的源头防治理念和市民的节水意识，从根本上实现了从水的消费型社会向节水型社会的转变。

日本的垃圾管理体系世界闻名。具体到东京，其垃圾处理具有以下三个特点：一是精准细化，垃圾分类规则严苛，垃圾分类工作细致。如塑料中仅有容器包装塑料属于资源类垃圾，要求洗净后才能作为资源类垃圾投放，对不按规定时间、规定种类投放的垃圾不予收集甚至予以处罚，从而约束居民的垃圾投放行为。二是充分使用焚烧手段对可燃垃圾进行安全、稳定、高效的焚烧处理，能够将垃圾体积减少为原来的5%，垃圾焚烧设施注重与周边居民的关系，凭借干净整洁的设施建造及组织参观、公开垃圾处理信息等举措，充分获取了居民的信任。三是垃圾回收再生精确，进一步提高了垃圾回收再生利用率。

根据相关研究，得益于日本精细周密的垃圾管理体系，日本在保持人均GDP较高的水平下，做到了人均垃圾排放量最低，是典型的垃圾低排放国家。以东京首都的实践看，对大型垃圾分类收集、对不适合燃烧的垃圾分类收集、开始"东京减量"垃圾减量宣传活动、正式实施资源回收事业，每一次政策出台都带来了人均垃圾排放量的明显下降[1]，值得学习借鉴。

5.2.3 资源利用是城市低碳绿色发展的有效路径

资源利用是城市低碳绿色发展的有效路径。资源利用是指提高资源利用效率，以较少的资源能源消耗和环境破坏实现经济发展。高质量的资源利用能促进资本要素由资源利用效率低、环境污染高的部门向资源利用效率高、环境友好的

部门流动，提高资源配置效率，促进绿色技术的研发与扩散，拓展资源利用支持可持续增长的能力。

　　东京在对能源资源利用提效方面的实践成效尤为突出。首先，在能源结构转型方面，东京的能源消费构成中，电力占比接近50%，为能源结构中占比最大的部分（见图5-3），意味着电力装机来源结构的变动带来良好的减排效应。根据东京电力公司的数据，目前东京水电、天然气、核能等清洁发电源占比超过80%，实现了向低碳化方向的转型（见图5-4）。

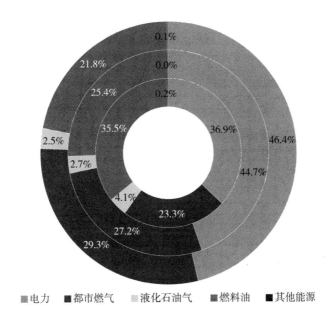

■电力　■都市燃气　□液化石油气　■燃料油　■其他能源

图5-3　东京能源消费结构（分品种）

注：内圈：2000年；中圈：2010年；外圈：2017年。

　　其次，在用能效率提高方面，东京实施低碳信息化项目，推行"东京无所不在计划"的物联网应用，将建筑内空调、照明、电源、监控、安全设施等系统联网，对电能控制和消耗进行动态配置和有效管理，智能科技减少电能消耗，开辟了低碳发展新路①。

　　最后，科技赋能效率提升。东京的能源消费三大部门分别是工商业、居民（住宅）、交通（见图5-5）。科技在三个部门领域的应用有效促进了各部门的低

① 张婉璐，曾云敏.东京的低碳城市发展：经验与启示［C］.经济发展方式转变与自主创新——第十二届中国科学技术协会年会，2009.

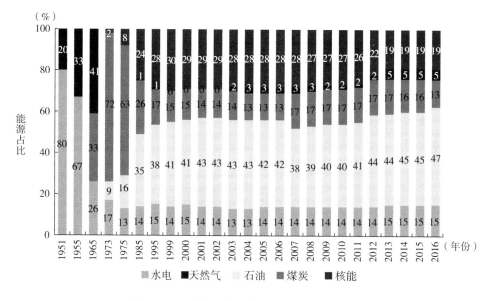

图 5 - 4　东京电力装机来源（1951～2016 年）

碳绿色化发展。在工商业部门，东京大型的商业机构虽然在数量上占比仅为 1%，但其碳排放量却占到了商业部门与工业部门总排放量的 40%。为此，东京大刀阔斧地对大型商业机构推行了节能减排措施，促进工商业采取先进技术减排。对企业提交的碳减排规划与措施报告进行评估定级并向社会公布；推行亚洲首个碳信用交易计划，不能达到目标的公司不得不购买造成污染的信贷。建筑部门的节能主要分为住宅建筑与大型建筑两类建筑的低碳化。在住宅建筑方面，东京的政策措施体现了建筑节能与日常生活的紧密联系，包括逐步淘汰高耗能的白炽灯，建设更加舒适的住宅，使用自然光、自然风和自然热量的建筑物，提倡使用太阳能，提升住房节能性能，推广使用包括光伏发电系统、高效能水热系统在内的节能设施①。而在大型建筑的节能控制方面，东京在市政府机构中广泛采用节能设施，为节能理念与节能技术推广起到示范作用。东京交通部门的低碳化发展主要通过三种途径：避免、转换和改善。所谓"避免"是指避免或减少出行，缩短出行距离或避免使用机动车出行；所谓"转换"是指由原有交通方式转向更为环境友好、低碳的交通方式；所谓"改善"则是指提高交通工具的能效②。

---

①　Tokyo Climate Change Strategy – A Basic Policy for the 10 – Year Project for a Carbon – Minus Tokyo – ［Z］. Tokyo Metropolitan Government，2007.

②　L Schipperee，Fabian Herbert. Transport and Carbon Dioxide Emission：Forecasts，Options Analysis，and Evaluation［R］. No. 9，Asian Development Bank，2009.

针对以上三点，东京对应提出的交通低碳发展战略包括：一是提倡生态交通，大力发展低碳公共交通、轨道交通，鼓励居民使用自行车交通。目前东京高达86%的都市客运交通量由轨道交通承担，是世界上以轨道交通为依托的国际大都市。二是推广使用绿色燃料。东京已经在第二代生物柴油燃料的开发、公共汽车生物柴油的引入及燃料电池化等领域取得了令人瞩目的成绩，并开展了第二代生物柴油在公共汽车的应用论证。三是研究开发新型交通工具。东京政府针对0.6%的混合动力汽车保有量，提出要建立规章，以提倡混合动力车的使用，并提出了生态驱动机制①。

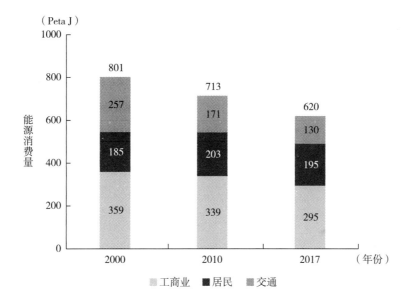

图 5 −5　东京能源消费结构（分行业）

5.2.4　环境管理是城市低碳绿色发展的有效保障

环境管理是城市低碳绿色发展的有效保障。环境管理是指运用经济、法律、技术、行政、教育等手段，限制和控制损害环境质量，实现经济、社会、环境的和谐共处。高质量的环境管理通过加大环境管理投入、加强环境治理，提供更多的优质生态产品，满足民众日益增长的对优美生态环境的需要。

---

①　Tokyo Climate Change Strategy – A Basic Policy for the 10 – Year Project for a Carbon – Minus Tokyo – [Z] . Tokyo Metropolitan Government，2007.

东京对环境保护的认识是一个逐渐深入的过程，对应的环境管理政策也在变化中不断转型、升级。第二次世界大战后，东京经历了六次环境战略的转型，这六个阶段分别是战后复兴与公害规制阶段（1945～1960年）、公害管理体制整备扩充阶段（1960～1975年）、环境保护预防应对阶段（1976～1985年）、综合环境管理阶段（1986～2000年）、低碳城市建设阶段（2001～2014年）、新可持续发展战略阶段（2015年至今）。

在战后复兴与公害规制阶段中，环境公害事件频发，如东京黑烟事件敲响了环保警钟。东京将烟尘、水污染、恶臭及噪声等产业公害作为主要环境规制对象，东京出台了《工厂公害防治条例》《烟尘防止条例》与《清扫条例》等，并催生了国家层面的工业用水、工厂排水、公共水域水质等法律的制定。然而，这一阶段公害规制从属于经济增长，加上没有成立专门的公害规制机构，使得环境管理效果不足。

在公害管理体制整备扩充阶段，日本经济进入高速增长阶段，这一阶段的环境问题依然聚焦于传统产业污染治理。东京环境质量标准得以设立并得到改进，环境监测体系逐渐建立，环境管理制度不断完善，东京公害局于1970年成立。

在环境保护预防应对阶段，传统产业环境污染治理在这一阶段取得成效，环境质量达标，但生活污染问题凸显。东京的环境问题开始被视作整体以应对。东京公害局在1980年变更为东京环境保护局。特别是《环境影响评价条例》以污染总量控制替代浓度控制，标志着东京的环境管理开始由末端治理向源头预防转变。

在综合环境管理阶段，东京环境战略的出发点不再是环境质量达标，而是从居民健康出发，提升居民生活质量。城市垃圾成为东京最大的环境问题。为此，东京出台了《废弃物处理、再利用相关条例》《垃圾减量行动计划》等建设循环社会。《环境基本条例》将环境作为一个整体，并要求经济活动对环境影响最小化。《环境基本规划》首次提出规划未来城市环境战略的发展方向和目标。

进入低碳城市建设阶段，东京致力于低碳能源战略，以《10年后的东京——东京在变化》开启了东京的低碳绿色发展规划，随后陆续颁布了多项围绕低碳发展的规划。在关注低碳发展的同时，关注挥发性有机物治理、氮氧化物、化学物质污染、热岛效应、生物多样性、PM2.5等新型环境问题。建设目标是将东京建设成世界上环境压力最小的城市，打造低碳、高效、独立、分散型能源社会，并将城市可持续发展模式推向全世界。在这一时期，市场化的环境产权交易被付诸实践。

进入新可持续发展战略阶段，东京在获得2020年夏季奥运会举办权后，将未来城市的发展与其结合，将健康产业、危机管理、新能源产业、信息传播产业、航空业及机器人作为重点发展产业，建设智慧能源城市，增强城市韧性，探索新的可持续发展模式①。

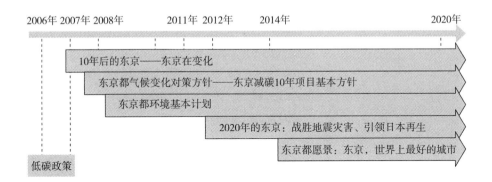

图 5-6　东京都低碳政策及低碳项目实施历程

除了对促进城市发展过程中的低碳绿色化，东京非常注重与城市群在互动中实现协同减排。在产业发展方面，东京都市圈不仅城市产业分工明确，而且是城乡协调发展的典范。在能源结构变革方面，除了实现东京内的能源结构清洁化，相关变革同样推广到了周边的千叶县、神奈川县等，如将周边现有老化电厂替代为先进的天然气轮机联合循环发电机组，实现了都市圈整体的电力高效化、低碳化。

5.3　伦敦、东京环境高质量发展的三点经验

通过对伦敦、东京的低碳发展经验进行梳理总结，本书提炼出以下经验与启示，供我国高质量发展策略制定以借鉴和参考。

经验之一：制定高质量的环境规划。环境规划是城市低碳绿色发展的最重要依据，同时也是城市低碳发展的核心。而一份规划制定需要满足以下五个条件：一是提出具有挑战性的总体目标。在制定低碳城市发展规划时规定总体 CO_2 的减排目标，各举措皆以其为依据测算减排效果及成本，设定时间表与路线图。二是抓住主要矛盾推进环境治理。东京的 CO_2 排放大部分集中于建筑领域，因此城市

①　刘召峰，周冯琦. 全球城市之东京的环境战略转型的经验与借鉴 ［J］. 中国环境管理，2017，9（6）：103 - 107.

的低碳发展规划均以较大的篇幅阐述建筑节能低碳的相关措施。三是以人为本。伦敦、东京的许多发展举措都兼顾宜居和减排的双重目标。特别是在交通领域，如提高公共交通设施的通达性、优化自行车出行的道路环境、推进电动交通工具充能装置的布局，均旨在提高市民生活质量的同时实现交通领域减排。四是减缓与适应并重。如在伦敦市的规划中，将减缓气候变化与适应气候变化的相关举措并行提出，力求前瞻性地提升各行业适应气候变化的能力。五是完善配套机制制度。东京针对《10年规划》推出的一系列目标，建立起跨部门的"推动创造绿色都市本部"，设立"全球变暖对策应对基金"，同时推出相关项目的实施状况报告等，进一步强化并充实政策的实施，确保计划的最终落地。

经验之二：科技赋能城市低碳绿色发展。针对工业、交通、建筑等主要碳排放部门及高污染工业门类，伦敦、东京积极引入先进减排技术，通过技术实现产业经济产出率的提升；同时推动了部门减排。在制定相关发展规划时，通过技术进步提高用能效率、降低单位排放强度，设定相关政策激励以鼓励传统高污染产业主动采取措施节能减排，促进城市低碳绿色发展。

经验之三：都市圈协同推进低碳绿色发展。伦敦、东京的低碳绿色发展呈现出了由城市走向区域的趋势，经验有以下三点：一是低碳技术互联互通。如东京电力结构调整的技术效应外溢至周边县，带动区域整体协同低碳化发展。这就需要城市政府管理的透明化，通过信息公开和开放共享的方式吸引区域内社会公众积极参与。二是加快小城镇发展。目前，伦敦与东京周边的小城镇发展已经较为完善，在整个城镇体系中占有重要地位。将都市圈中的小城镇作为缓解大都市人口压力和经济、社会、环境问题的重要手段。三是以大都市为核心推进绿色发展管理，促进城乡之间的协调和地方之间的合作，实现都市圈的经济、社会和环境的协调发展。

5.4　本章小结

通过从环境高质量发展的四个方面——环境质量、资源利用、污染防治、环境管理对伦敦、东京的高质量发展经验进行梳理总结，提炼出经验与启示。经验之一：制定高质量的环境规划。而一份规划制定需要满足以下五个条件：一是提出具有挑战性的总体目标；二是抓住主要矛盾推进环境治理；三是以人为本；四是减缓与适应并重；五是完善配套机制制度。经验之二：科技赋能城市低碳绿色发展。针对工业、交通、建筑等主要碳排放部门及高污染工业门类，伦敦、东京积极引入先进减排技术，通过技术实现产业经济产出率的提升，同时推动了部门减排。经验之三：都市圈协同推进低碳绿色发展。一是低碳技术互联互通；二是加快小城镇发展；三是以大都市为核心推进绿色发展管理，促进城乡之间的协调和地方之间的合作，实现都市圈的经济、社会和环境的协调发展。

6 衡量高质量发展的维度

本章梳理了高质量发展代表性的评价指标体系。提出基于可持续发展理念和新发展观理念的高质量发展评价指标体系（简称 EES 指数）。该指标体系从三个维度评价区域高质量发展，分别为：经济高质量发展（Economic）、环境高质量发展（Environmental）和社会高质量发展（Social），并给出三个维度的衡量指标。

6.1 衡量高质量发展的一些特色指标体系

高质量发展评价较有代表性的研究有：在国际研究方面，目前尚无专门针对"高质量发展"指标体系的研究；在国内研究方面，针对国家或区域高质量发展评价的成果有：复旦大学经济学院教授殷醒民认为，可以从全要素生产率、科技创新能力、人力资源质量、金融体系效率和市场配置资源机制五个维度来构建高质量发展指标体系（见表 6-1）。

表 6-1　高质量发展指标体系的五个维度

评价维度	维度解释	建议指标
全要素生产率	测定发展质量的核心，需要运用多种生产效率测算指标来评估企业和区域发展质量	运用多种生产率测算指标进行评估
科技创新能力	要求制定以知识学习与创造并重的教育发展指标	基础教育质量、劳动力健康水平、各类毕业生技能、师资质量测定指标等
人力资源质量	无	无
金融体系效率	或称资金配置效率，其指标应体现金融体系的稳健性与审慎监管框架	居民存款的安全性、企业的融资成本与融资便利性、中小企业的融资占比、风险资本数量及可获得性、创业板企业的成长性、创业板企业的劳动生产率增长率、金融资产的法律保护程度等

续表

评价维度	维度解释	建议指标
市场配置资源机制	无	新企业设立的时间和成本、创新企业的成长性、企业破产成本、对新思想产生的鼓励政策等

西北大学中国西部经济发展研究中心的任保平认为，应从长期与短期、宏观与微观、总量与结构、全局与局部、经济发展与社会发展等多个维度来构建高质量发展指标体系，并提出了经济增长速度、经济结构、创新成果质量和经济发展可持续性等高质量发展的绩效评价体系（见表6–2）。

表6–2　高质量发展的绩效评价体系

绩效评价指标	指标解释	建议指标
经济增长速度	是高质量发展的基石，高质量发展下的经济增长速度需要靠效率提高来驱动	资本产出效率、劳动生产率、全要素生产率等
经济结构	高质量发展阶段的知识技术密集型产业比重相对于高速增长阶段有显著提升，同时在这一阶段我国的产业与产品在国际分工中应处于较高分工地位等	无
创新成果质量	绩效评价的核心与关键	代表高质量专利的三方专利所占比重、国际论文引用数等
经济发展可持续性	高质量的经济应当是健康可持续的，不能仅关注眼前的利益，即今天的使用不应减少未来的实际收入	单位GDP能耗、污染物排放量、PM 2.5及城市优良空气比率等

全国人大财经委员会委员、国务院发展研究中心研究员吕薇认为，建立高质量发展评价指标要实行总量指标和人均指标相结合、效率指标和持续发展指标相结合、经济高质量发展与社会高质量发展相结合。可考虑建立三类指标：一是反映要素生产率的指标，二是反映经济活力的指标，三是体现以人民为中心、提高生产质量和幸福感的指标（见表6–3）。

表6–3　高质量发展评价指标体系

评价	指标解释	建议指标
反映要素生产率的指标	提高全要素生产率，尤其要提高稀缺生产要素的投入产出率	劳动、资本、能源、土地、环境、水资源产出率等

评价	指标解释	建议指标
经济活力指标	包括创新创业，不仅看注册量，还要看成长性或成活率；投资增长，重点看民间投资和制造业投资；体现产品质量和竞争力等指标	无
以人民为中心、提高生活质量和幸福感的指标	无	就业、人均可支配收入、人均公共品的拥有量、寿命、出生率等

上海交通大学上海高级金融学院教授、中国城市治理研究院特聘研究员朱启贵提出了由动力变革、产业升级、结构优化、质量变革、效率变革和民生发展六个方面共 63 项指标组成的评价指标体系（见表 6 - 4）。

表 6 - 4　推动高质量发展的指标体系

指标	建议指标
动力变革指标	每万名就业人员 R&D 人员全时当量 R&D 经费与 GDP 之比 企业 R&D 经费支出增长率 R&D 经费与主营业务收入之比 发明专利申请授权量与 R&D 经费之比 科技成果转化率 人均技术市场成交量 新产品销售收入占主营业务收入之比 科技企业孵化器内累计毕业企业增长率 风险投资增长率
产业升级指标	信息化指数 新型工业化进程指数 农业信息化率 生产性服务业增加值占服务业增加值比重 战略性新兴产业增加值占 GDP 比重 现代农业产业产值 占农业总产值比重 农作物耕种机械化率 农业产业化经营组织数量增长率 主要规模经济行业产业集中度 先进制造业增加值占 GDP 比重

指标	建议指标
结构优化指标	新经济增加值占 GDP 比重 新产品产值占工业总产值比重 服务业增加值占 GDP 比重 文化及相关产业增加值占 GDP 比重 信息通信技术产业增加值占 GDP 比重 直接融资占全部融资比重 实物商品网上零售额占社会消费品零售总额的比重
质量变革指标	中高端产品占产品的比重 中国品牌国际市场占有率 先进制造业增长率 高端服务业增长率 高技术产品出口额占货物出口额比重 优质农产品占农产品比重 产品质量合格率 质量竞争力指数 产品伤害事故率 顾客满意度 质量损失率
效率变革指标	产能利用率 全要素生产率 全社会劳动生产率 土地产出率 企业总资产贡献率 工业综合产能利用率 单位 GDP 能耗下降率 税收占 GDP 比重 GDP 与固定资产投资之比 绿色发展指数等
民生发展指标	居民收入增长率 区域居民收入差距 城乡居民收入比 城镇化率 基尼系数 恩格尔系数 居民消费价格指数 城镇调查失业率 失业保险覆盖率 城乡基本养老保险参保率 城乡基本医疗保险覆盖率 万人刑事案件发生率 普惠金融增长率 居民平均预期寿命

李金昌提出了由经济活力、创新效率、绿色发展、人民生活、社会和谐五个方面27项指标组成的我国高质量发展评价指标体系（见表6-5）。

表6-5　我国高质量发展评价指标体系

评价视角	评价指标	指标解释
经济活力	GDP增长速度	报告期GDP/基期GDP（可比价）
	GDP占总产出比重	GDP/总产出
	新经济新动能产业增加值占比	新经济新动能产业增加值/GDP
	现代服务业增加值占比	现代服务业增加值/GDP
	居民消费贡献率	居民最终消费/GDP
	综合负债率指数	根据银行不良贷款率、地方政府负债率和企业资产负债率综合测算
	外贸依存度	进出口总额/GDP
创新效率	高技术产业增加值占比	高技术产业增加值/GDP
	全要素生产率	根据生产函数计算
	亩均GDP	GDP/占地面积
	万元GDP能耗	综合能耗/GDP
绿色发展	优质可耕地占比	优质可耕地面积/区域总面积
	空气质量指数	空气质量优良天数比重或监测的空气质量平均值
	污水处理率	处理污水数量/总污水数量
	生活垃圾无害化处理率	无害化处理生活垃圾数量/生活垃圾总量
	地表水质量	实际监测数据
人民生活	人均可支配收入与人均GDP之比	人均可支配收入/人均GDP
	社会保障指数	五险综合保障水平得分
	社会不安定指数	失业率 + CPI
	高等教育毛入学率	高等教育在学人数/18~22岁人口数
	人均文教医卫财政支出强度	人均文教医卫财政支出/人均GDP
	居民家庭文体旅游消费支出比重	居民家庭文体旅游消费支出/总消费支出
	产品质量指数	各种各类产品抽检合格率的加权平均值
社会和谐	基尼系数	按照基尼系数公式测算
	城乡居民可支配收入比	城镇居民人均可支配收入/乡村居民人均可支配收入
	区域人均可支配收入极值比	最高收入区域人均可支配收入/最低收入区域人均可支配收入
	社会满意度指数	公民调查数据

6.2　衡量高质量发展的三个维度

6.2.1　高质量发展的理论依据

本书提出可持续发展视域下的区域高质量发展指标体系。从经济高质量发展、环境高质量发展、社会高质量发展衡量。理论依据有以下两点：

从国际权威机构报告看，经济维度、环境维度和社会维度是可持续发展的三个支柱。经济学家 René Passet 提出以社会、环境、经济为重点的可持续发展三维框架模型，该三维结构为联合国所使用。三支柱价值观（Triple – Bottom – Line，TBL，3BL）是 John Elkington 于 1994 年提出的一个概念，旨在测度可持续性发展的一种方式。他后来在 1998 年出版的题为 Cannibals with Forks：The Triple Bottom Line of 21st Century Business 的书中详细解释了这个概念，认为主要可以从经济、环境和社会三个价值方面来解释可持续性发展。目前，在全球可持续发展的战略下，TBL 概念已经被许多学者广泛用于解释"可持续性发展"。事实上，TBL 的使用不仅仅局限于以概念的方式解释或描述可持续发展，它也是测度可持续性发展的重要工具。

从新发展理念的要求看，经济高质量发展、环境高质量发展、社会高质量发展是高质量发展的重要部分。习近平同志指出："发展必须是遵循经济规律的科学发展，必须是遵循自然规律的可持续发展，必须是遵循社会规律的包容性发展。"正如本书导论部分指出的，高质量发展是一种新的发展理念，是一种新的发展方式，是新的发展战略，是经济发展理论（发展经济学）的重大创新。高质量发展与新常态下的经济发展质量不相同。高质量发展是满足人民日益增长的美好生活需求的发展，是新发展观的具体体现，它强调民生的重要性、环境的重要性，是一种包容的、普遍的发展，也是一种实现经济、社会和环境同步的"共同进化"的发展，能够更好地满足人民不断增长的真实需要。这种发展方式不仅要注重生产的有效性和发展的公平性，而且考虑生态环境建设以及人的全面发展。

因此，本书借鉴可持续发展理念和新发展观理念，从经济高质量发展、环境高质量发展、社会高质量发展三个维度建构区域高质量发展指标体系。

6.2.2　高质量发展的三个维度

本书提出区域高质量发展评价指标体系（EES）。该指标体系从三个维度评价区域高质量发展，分别为：经济高质量（Economic）、环境高质量（Environmental）和社会高质量（Social）。

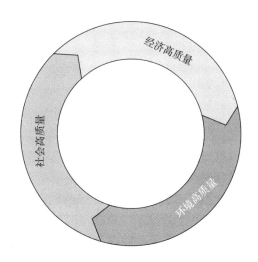

图 6-1　区域高质量发展评价指标体系的维度

6.3　从四个方面衡量经济高质量发展

经济高质量发展是一个国家经济发展的生命线，也是我国通过几十年改革开放实践得出的最新的思想理论认识。经济高质量发展要求社会市场各参与要素（主体）高度融合与协调，实现投入与产出最优、效益与效率最佳，使经济发展速度、经济增长质量始终与客观经济现实相协调。经济高质量发展要体现创新、协调、绿色、开放、共享的发展理念，实现生产要素投入少、资源配置效率高、资源环境成本低、经济社会效益好的发展。它不仅表现为经济总量上的持续稳健增长，而且表现为质量的持续提高。本书在构建经济高质量发展指标时，充分考虑经济高质量发展的内涵和要义，具体体现在：

——经济增长。经济高质量发展不是不要经济增长，而是在保持一定经济增长的前提下，适应经济发展新阶段要求，加快实现经济发展质量变革、效率变革和动力变革。经济持续增长是经济高质量发展的题中之义。

——结构优化。经济高质量发展要求经济结构持续优化升级，夯实经济增长的结构基础。在产业结构方面，一是提高工业增长的附加值，以服务业为主导（尤其是生产性服务业）牵引制造业转型升级，使工业发展从主要依靠低成本竞争优势向主要依靠创新驱动转变；二是降低经济增长对房地产业的依赖，建立更加良性的宏观经济运行体系。在分配结构和动力源上，由投资拉动为主向消费拉动为主转变，从根本上改变供给结构与消费结构升级不适应的突出矛盾，使消费结构升级成为高质量发展的内生动力。

——效率提升。从效率角度看，经济高质量发展要求以最少的要素投入获得最大的产出，实现资源配置优化；既表现为要素利用配置效率高，如投入产出效率高、单位 GDP 能耗低、产能利用率高、实现绿色低碳发展等，也表现为使微观经济主体得到恰当的激励，促进企业家与职工等各类微观经济主体之间的利益协同。

——创新驱动。以科技创新驱动高质量发展，是贯彻新发展理念、破解当前经济发展中突出矛盾和问题的关键，也是加快转变发展方式、优化经济结构、转换增长动力的重要抓手。

6.4　从四个方面衡量环境高质量发展

生态环境保护是经济高质量发展的重要推动力；高质量发展反过来对生态环境保护提出了新的更高的要求，它们两者是相互融合、密不可分的。实现环境的高质量发展既有利于推动高质量的发展，也有助于加快推进生态环境的改善。本书从以下四个维度构建环境高质量发展的指标体系：

——环境质量。生态环境是衡量高质量发展成效的重要标尺，高质量发展的成效在许多方面都与生态环境密不可分。生态环境指标客观地描述了环境质量，改善大气质量、加强土地保护、缓解水资源压力等与环境高质量发展密切相关，也是人民获得感的直接体现。

——污染防治。打好污染防治攻坚战是推动和引领高质量发展的重要手段和措施。生态环境在今天的中国已经成为人民群众对美好生活的重要需要，为此高质量发展的目标既要瞄准创造更多的物质财富和精神财富，以满足人民日益增长的对美好生活的需要，同时我们也要提供更多的优质的生态产品，以满足人民群众日益增长的对优美生态环境的需要。

——资源利用。高质量发展要求以较少的资源能源消耗和环境破坏来实现经济发展。提高资源利用效率是环境高质量发展的应有之义。

——环境管理。好的生态环境也是推动高质量发展的生产要素之一，而环境保护投资是实现好的生态环境的必然要求。

6.5 从三个方面衡量社会高质量发展

民生是最大的政治，推动高质量发展的根本目的是增进民生福祉。从发展目标看，高质量发展除了高效益、高效率发展外，还包括推动民生优化、实现城乡统筹、促进社会和谐。本书从民生优化、城乡统筹、社会和谐三个方面构建社会高质量发展指标体系。具体来说：

——民生优化。高质量发展成果惠及民生，必然要求扩大基本公共服务覆盖面，提高基本公共服务保障水平，推进基本公共服务均等化，如教育、医疗、养老等均等化。

——城乡统筹。城乡统筹发展是指改变"城市工业、农村农业"的二元思维方式，将城市和农村的发展紧密结合起来，统一协调，全面考虑，树立贸工农一体化的经济社会发展思路，积极推进乡村振兴战略。高质量发展要求推进区域均衡发展，城乡统筹推进，以让经济发展成果更多地惠及民众。

——社会和谐。经济发展的最终目的是造福于人民，提高各个阶层的人民福祉。高质量发展是社会和谐性增长。社会和谐性增长要求在经济增长中每个社会阶层的福祉都能随着增长而增长，虽然各个社会阶层的福祉增长水平有所不同，但必须都能够有其应有的增长，但过度福祉分化也会形成社会的不稳定。因此，实现社会和谐就必须实行良好的税收制度与社会保障制度，实现初次分配强调效率、再分配更加注重公平的有效社会财富调节机制。消灭贫困是社会和谐的底线和长期举措。

6.6 本章小结

本书以可持续发展理念和新的发展理念为理论依据，从经济高质量发展、环境高质量发展、社会高质量发展建构了区域高质量发展指标体系。理论依据有以下两点：从国际权威机构报告看，经济维度、环境维度和社会维度是可持续发展的三个支柱。经济学家 René Passet 提出以社会、环境、经济为重点的可持续发展三维框架模型，该三维结构为联合国所使用。从新发展理念的要求看，经济高质量发展、环境高质量发展、社会高质量发展是高质量发展的重要部分。习近平同志指出："发展必须是遵循经济规律的科学发展，必须是遵循自然规律的可持续发展，必须是遵循社会规律的包容性发展。"高质量发展是一种新的发展理念，是一种新的发展方式、新的发展战略，它强调民生的重要性、环境的重要性，是一种包容的、普遍的发展，也是一种实现经济、社会和环境同步的"共同进化"的发展，能够更好地满足人民不断增长的真实需要。这种发展方式不仅要注重生产的有效性和发展的公平性，而且考虑生态环境建设以及人的全面发展。经济高质量发展评价指标从经济增长、结构优化、效率提升、创新驱动衡量；环境高质量发展评价指标从环境质量、污染防治、资源利用、环境管理四个维度衡量；社会高质量发展评价指标应从民生优化、城乡统筹、社会和谐三个方面衡量。

7　区域高质量发展指数建构

本章分别从经济高质量发展、环境高质量发展和社会高质量发展三个维度建构了区域高质量发展衡量指标。经济高质量发展由 25 个指标构成；环境高质量发展由 20 个指标构成；社会高质量发展由 25 个指标构成。高质量发展总指数由 70 个指标构成。

7.1　区域经济高质量发展指标体系

经济高质量发展的首要目的是经济发展，其核心是在保持一定经济增长的前提下，通过结构优化、效率提升及创新驱动，实现全要素生产率的提高，加快实现经济发展质量变革、效率变革和动力变革。

通过结构优化使产业结构由劳动、资源密集型向知识技术密集型转变，通过效率提升使发展方式由粗放式向集约式转变，通过创新驱动使增长动力由要素驱动为主向创新驱动为主转变。

本书从以下四个维度建构经济高质量发展指标体系。

7.1.1　经济增长是经济高质量发展的基石

经济增长是经济高质量发展的基石。要求省市提高经济增长的水平，扩大内需，弥补外向型经济的不足，培育经济增长的动能。基于此，《报告》采用三次产业增加值、人均 GDP 衡量省市经济增长的水平；采用最终消费支出对国内生产总值增长的贡献率、资本形成总额对国内生产总值增长的贡献率、货物和服务净出口对国内生产总值增长的贡献率表征消费、投资、出口"三驾马车"对 GDP 贡献率的变化情况。

7.1.2　结构优化是经济高质量发展的核心

结构优化是经济高质量发展的核心。要求高端制造业销售产值占工业销售产值比重相对于高速增长阶段有显著提升，同时在这一阶段降低房地产业占 GDP 比重，落实"房子是用来住的，不是用来炒的"的要求；并合理把握第三产业占 GDP 比重、第三产业与第二产业之比及投资与消费之比，从根本上改变供给结构与消费结构升级不适应的突出矛盾，使消费结构升级成为高质量发展的内生动力。基于此，本书采用高端制造业销售产值占工业销售产值比重、房地产业占 GDP 比重、第三产业占 GDP 比重、第三产业与第二产业之比、投资与消费之比，评价结构优化。

7.1.3 效率提升是经济高质量发展的关键

效率提升是经济高质量发展的关键。要求以最少的要素投入获得最大的产出，实现资源配置优化。既表现为要素利用配置效率高，如投入产出效率高、单位 GDP 能耗低、产能利用率高、实现绿色低碳发展等，又表现为使微观经济主体得到恰当的激励，促进企业家与职工等各类微观经济主体之间的利益协同。基于此，本书采用三次产业劳动生产率、全员劳动生产率、固定资产投资/GDP 反映省市的宏观要素配置效率，全社会劳动生产率即单位劳动投入创造的产值，用以反映社会的生产效率和劳动投入的经济效益；采用利润—税费比率、企业资金利润率、资产负债率反映微观经济经营效率。

7.1.4 创新驱动是经济高质量发展的动力

创新驱动是经济高质量发展的动力。要求以科技创新驱动高质量发展，贯彻新发展理念，加大创新投入力度，提高创新产出，构建符合高质量发展的技术创新体系。基于此，本书采用地方财政科学事业费支出、R&D 投入占 GDP 的比重、基础研究占 R&D 投入比重表征创新投入；采用技术市场成交额、每 10 万人发明专利授予数量表征创新产出。

区域经济高质量发展指标体系如表 7 – 1 所示。

表 7 – 1　区域高质量发展经济指标体系

维度	指标名称	备注
经济增长	第一产业增加值（亿元），2005 年价	正向指标
	第二产业增加值（亿元），2005 年价	正向指标
	第三产业增加值（亿元），2005 年价	正向指标
	人均 GDP（元），2005 年价	正向指标
	最终消费支出对国内生产总值增长的贡献率（％）	正向指标

维度	指标名称	备注
经济增长	资本形成总额对国内生产总值增长的贡献率（%）	正向指标
	货物和服务净出口对国内生产总值增长的贡献率（%）	正向指标
结构优化	高端制造业销售产值占工业销售产值比重（%）	正向指标
	房地产业占 GDP 比重（%）	负向指标
	第三产业占 GDP 比重（%）	正向指标
	第三产业与第二产业之比	正向指标
	投资与消费之比	正向指标
效率提升	第一产业劳动生产率（元/人），2005 年价	正向指标
	第二产业劳动生产率（元/人），2005 年价	正向指标
	第三产业劳动生产率（元/人），2005 年价	正向指标
	全员劳动生产率（元/人），2005 年价	正向指标
	占投比（固定资产投资/GDP）	正向指标
	利润—税费比率	正向指标
	企业资金利润率（%）	正向指标
	资产负债率（%）	负向指标
创新驱动	地方财政科学事业费支出（万元）	正向指标
	R&D 投入占 GDP 的比重（%）	正向指标
	基础研究占 R&D 投入比重（%）	正向指标
	技术市场成交额（亿元）	正向指标
	每 10 万人发明专利授予数量（件/10 万人）	正向指标

7.2　区域环境高质量发展指标体系

环境高质量发展强调在经济增长的基础上和生态承载能力范围内，通过合理高效配置资源，形成经济、社会、环境和谐共处的绿色、低碳、循环发展过程，最终实现可持续发展的要求。

在内涵层面，环境高质量发展是高质量发展的重要部分，要求经济发展应当是健康可持续的，不仅仅关注眼前的利益，更关注今天的使用不应减少未来的实际收入，体现经济的可持续性；在目标层面，环境高质量发展要求以更少的资源投入创造更多的价值，这与高质量发展理念一致——高质量发展的核心理念是

"努力实现更有效率、更可持续的发展"；在效果层面，环境高质量发展不仅仅要求保护环境，而且通过带动环保投资，发展绿色产业，创造"绿水青山就是金山银山"，从而对高质量发展起到有力的促进作用。

本书从以下四个维度评价区域环境高质量发展。

7.2.1　环境质量是环境高质量发展的有效供给

环境质量是环境高质量发展的有效供给。环境质量是指以人类为中心的、环绕人们周围的各种自然因素的状态。环境高质量发展要求改善大气质量、加强土地保护、缓解水资源压力等，提升民众的幸福感与获得感。基于此，本书采用环境质量指标由环境状态和生态状态表征，选用全年优良天数比例评价环境状态，能够综合、直观地表征省市的整体空气质量状况和变化趋势；生态状态评价指标包括建成区绿化覆盖率、受保护地占国土面积比率、土地利用及淡水压力，用来反映环境整体的状态及稳定性。

7.2.2　污染减排是环境高质量发展的有效手段

污染减排是环境高质量发展的有效手段。污染减排是指减轻人类社会经济活动对生态环境造成的压力，减少废弃物和环境有害物排放，产生正的外部性。高质量的污染减排，告别传统的"资源—生产—废弃物"单项流动的线性生产模式，形成"资源—产品—废弃物—再生资源"循环流动的生产模式，降低生产的边际成本和末端治理费用，提供高质量的绿色产品和服务。基于此，污染减排指标主要由排放强度、环境建设和绿色生活三大类构成，排放强度表征人类社会经济活动对生态环境造成的压力，包括 CO_2 排放强度、SO_2 排放强度、COD 排放强度、氨氮排放强度、工业废水排放量及城镇生活垃圾填埋处理量；环境建设体现省市控制污染防治所进行的努力，包括城市生活污水集中处理达标率和生活垃圾无害化处理率；绿色生活反映省市控制污染排放所取得的成效，采用农村卫生厕所普及率和城镇每万人口公共交通客运量衡量。

7.2.3　资源利用是环境高质量发展的有效路径

资源利用是环境高质量发展的有效路径。资源利用是指提高资源利用效率，以较少的资源能源消耗和环境破坏实现经济发展。高质量的资源利用能够促进资本要素由资源利用效率低、环境污染高的部门向资源利用效率高、环境友好的部门流动，提高资源配置效率，促进绿色技术的研发与扩散，拓展资源利用支持可持续增长的能力。基于此，资源利用指标由结构优化指标和资源产出构成。结构优化指标主要表征社会经济系统能源结构的合理性，通过结构调整降低社会经济活动对环境的影响，采用能源产出率、水资源产出率、建设用地产出率评价；资源产出指标表征社会经济活动利用资源的效率提升情况，采用煤炭消费占能耗总量的比重评价。

7.2.4 环境管理是环境高质量发展的有效保障

环境管理是环境高质量发展的有效保障。环境管理是指运用经济、法律、技术、行政、教育等手段，限制和控制损害环境质量，实现经济、社会、环境的和谐共处。环境高质量发展通过加大环境管理投入、加强环境治理，提供更多的优质生态产品，满足民众日益增长的对优美生态环境的需要。基于此，环境管理指标由环保投资指标构成。从机理上看，环保投资指标能够体现省市对于环境管理的投入，满足民众日益增长的对优美生态环境的需要。

表 7 - 2　区域环境高质量发展指标体系

一级指标	二级指标	三级指标	备注
环境质量	环境状态	全年优良天数比例（%）	正向指标
	生态状态	建成区绿化覆盖率（%）	正向指标
		受保护地占国土面积比率（%）	正向指标
		土地利用（%）	正向指标
		淡水压力（%）	负向指标
污染减排	排放强度	CO_2 排放强度（吨/亿元）	负向指标
		SO_2 排放强度（吨/亿元）	负向指标
		COD 排放强度（吨/亿元）	负向指标
		氨氮排放强度（吨/亿元）	负向指标
		工业废水排放量（亿吨）	负向指标
		城镇生活垃圾填埋处理量（亿吨）	正向指标
	环境建设	城市生活污水集中处理达标率（%）	正向指标
		生活垃圾无害化处理率（%）	正向指标
	绿色生活	农村卫生厕所普及率（%）	正向指标
		城镇每万人口公共交通客运量（万人次/万人）	正向指标
资源利用	结构优化	能源产出率（万元/吨标准煤）	正向指标
		水资源产出率（元/吨）	正向指标
		建设用地产出率（亿元/平方公里）	正向指标
	资源产出	煤炭消费占能耗总量的比重（%）	负向指标
环境管理	环保投资	环境保护投资占 GDP 的比重（%）	正向指标

7.3　区域社会高质量发展指标体系

社会高质量发展强调以社会主要矛盾为基本出发点，能够很好地满足人民日益增长的美好生活需要。

本书从以下三个维度评价区域社会高质量发展。

7.3.1　民生优化是社会高质量发展的重要基点

民生优化是社会高质量发展的重要基点。推动高质量发展的过程就是民生优化的过程。经济高质量发展成果惠及民生，必然要求扩大基本公共服务覆盖面，提高基本公共服务保障水平，推进基本公共服务，实现教育、医疗、养老等的均等化。基于此，《报告》采用与民众的生活密切相关的城乡居民可支配收入增长率指标、城镇登记失业率、居民消费价格指数、城镇商品房价格与居民收入水平的比例、教育支出、专任教师数、中小学分布和班级人数、医疗卫生保障、参加城乡居民基本医疗保险人数增长、每千人口医院床位数、养老金增长率、参加城乡居民养老保障人数增长指标衡量。

7.3.2　城乡统筹是社会高质量发展的内在要求

城乡统筹是社会高质量发展的内在要求。城乡统筹发展是指改变"城市工业、农村农业"的二元思维方式，将城市和农村的发展紧密结合起来，统一协调，全面考虑，积极推进乡村振兴战略，构建新型城乡关系，实现城乡更加充分、更加平衡地发展。基于此，《报告》采用城镇化率、基础设施投资占全社会总投资比重、公共交通运输能力和服务水平反映城乡一体化发展水平；特别增加反映城乡社会发展水平差异程度的指标——农村居民可支配收入与城镇居民可支配收入比、城乡居民恩格尔系数之比、城乡居民人均住房建筑面积之比、城乡燃气普及率之比、城乡互联网普及率之比、城乡居民平均受教育年限之比等反映城乡社会发展水平。

7.3.3　社会和谐是高质量发展的温暖底色

社会和谐是高质量发展的温暖底色。经济高质量发展最终目的是造福于人民，提高各个阶层的人民福祉，要求在经济增长中每个社会阶层的福祉都能随着增长而增长，虽然各个社会阶层的福祉增长水平有所不同，但必须都能够有其应有的增长，但过度福祉分化也会形成社会的不稳定。因此，实现社会和谐就必须实行良好的税收制度与社会保障制度，实现初次分配强调效率、再分配更加注重公平的有效社会财富调节机制，消灭贫困是社会和谐的底线和长期举措。基于此，《报告》采用城市应急管理水平反映预防和处置突发事件的能力；交通事故发生数增长率直观地表征"和谐交通"建设情况；12345 市民热线诉求办结率、信访总量增长率则反映社情民意、解决民众诉求及维护社会和谐稳定情况。

表 7 - 3　区域社会高质量发展指标体系

维度	指标名称	备注
民生优化	城乡居民可支配收入增长率（%）	正向指标
	城镇登记失业率（%）	负向指标
	居民消费价格指数	负向指标
	城镇商品房价格与居民收入水平的比例	负向指标
	教育支出（%）	正向指标
	专任教师数（人）	正向指标
	中小学分布和班级人数（个/百人）	正向指标
	医疗卫生保障（人）	正向指标
	参加城乡居民基本医疗保险人数增长（%）	正向指标
	每千人口医院床位数（个）	正向指标
	养老金增长率（%）	正向指标
	参加城乡居民养老保障人数增长（%）	正向指标
城乡统筹	基础设施投资占全社会总投资比重（%）	正向指标
	公共交通运输能力和服务水平（万人次）	正向指标
	城镇化率（%）	正向指标
	农村居民可支配收入与城镇居民可支配收入比（%）	正向指标
	城乡居民恩格尔系数之比（%）	负向指标
	城乡居民人均住房建筑面积之比（%）	负向指标
	城乡燃气普及率之比（%）	负向指标
	城乡互联网普及率之比（%）	负向指标
	城乡居民平均受教育年限之比（%）	负向指标
社会和谐	城市应急管理水平（个）	正向指标
	交通事故发生数（万起）增长率	负向指标
	12345 市民热线诉求办结率（%）	正向指标
	信访总量增长率（%）	负向指标

7.4   本章小结

本章提出高质量发展的战略命题：经济增长是经济高质量发展的基石，结构优化是经济高质量发展的核心，效率提升是经济高质量发展的关键，创新驱动是经济高质量发展的动力，环境质量是环境高质量发展的有效供给，污染减排是环境高质量发展的有效手段，资源利用是环境高质量发展的有效路径，环境管理是环境高质量发展的有效保障，民生优化是社会高质量发展的重要基点，城乡统筹是社会高质量发展的内在要求，社会和谐是高质量发展的温暖底色。本书分别从经济高质量发展、环境高质量发展和社会高质量发展建构了区域高质量发展衡量指标。经济高质量发展由 25 个指标构成；环境高质量发展由 20 个指标构成；社会高质量发展由 25 个指标构成。高质量发展总指数由 70 个指标构成。

8 区域环境高质量发展指标解读

本章对环境高质量发展的指标进行详细解读，提出指标体系构建的原则、过程及方法。

8.1 指标体系构建原则

指标体系的构建有一定的原则可循，以保证指标评价的科学性与可靠性。目前，针对指标体系的构建原则展开的讨论尚未形成统一的认识。综合各派的观点，本书在构建环境高质量发展评价指标体系时所遵循的原则包括以下五点：

——系统性原则：把研究对象看作一个整体的系统，要求指标体系能够综合地反映研究对象的环境发展状态中要素相互作用的方式及强度等的内容，同时反映高质量发展的内涵，并基于多因素进行综合评估。

——动态性原则：由于指标体系评估的对象——社会经济系统并非恒定不变，而是在人类社会经济活动及人与生态系统之间的互动下持续不断地变化着的。由此，动态性要求指标体系应能够反映研究对象动态的特点。

——科学性原则：指标的选取应力求全面、系统地反映区域环境高质量发展的各相关信息，即具有典型性和代表性，避免出现与现实情况偏差过大的评价结果；指标数据的来源应具有稳定、可信度高、计算方法简单等特点；指标体系整体应大小适中，并力求逻辑清晰、合理。

——通用性原则：在构建环境高质量评价指标时，需注意在全国范围内评价方法的一致性，以满足评价对象之间能够互相比较的需求，同时有利于数据的收集及处理。

——综合性原则：环境高质量发展是一项综合的任务，它由生态、环境等多要素构成。要素之间相互联系，缺一不可。因此，在构建环境高质量发展评价指标体系时，需要做到指标的统筹兼顾，给出综合的评价结果。

8.2 指标体系构建过程

指标体系的构建过程主要可分为三个步骤（见图 8 – 1）：

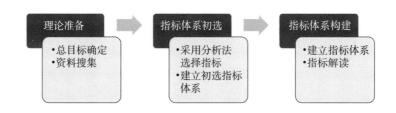

图 8 – 1 评价指标构建过程

（1）步骤一：理论准备。

在确认构建指标体系进行评价的总目标后，需要对指标体系构建所依赖的理论基础进行了解及探析，以确保指标体系的构建是有逻辑的、有根据的。

（2）步骤二：指标体系初选。

基于构建指标的理论基础，应选择恰当的构建方法。在围绕指标构建目的的基础上，对指标体系的指标内容进行初选。

指标体系初选的方法包括频度统计法、综合法、分析法、交叉法、指标属性分组法等。在本书中，分析法被选用作为本书构建评价指标体系的初选方法。

分析法是将评价的总目标划分成若干个不同组成部分或不同侧面的（子系统）并逐步细分，直到每一个部分和侧面都可以用具体的统计指标来描述、实现。这是构建评价指标体系最基本、最常用的方法，其基本过程是：

第一，对评价问题的内涵与外延做出合理解释，明确评价的总目标和子目标。

第二，对每一个子目标进行详细分解，越是复杂的多指标综合评价问题，这种细分就越为重要。

第三，重复第二步，直到每一个子目标都可以直接用一个或几个明确的指标进行反映。

第四，设计每一子层次的指标。需指出，这里的"指标"是广义的，并不限于社会经济统计学意义上的可量化指标，还应包括一些"定性指标"；而在实践中进行指标评价时，将基于"数据驱动"的要求选择可量化指标进行评价。

在分析法的基础上，本书运用权威指标体系作为指标选取的参考。作为本书指标选取参考对象的相关领域内指标体系包括：生态环境部（原环境保护部）2006 年颁布的《"十一五"城市环境综合整治定量考核指标及实施细则》、生态环境部（原环境保护部）2011 年颁布的《"十二五"城市环境综合整治定量考核指标及其实施细则》、生态环境部（原环境保护部）2013 年颁布的《国家生态文明建设试点示范区指标（试行）》、国家发展与改革委员会 2016 年颁布的《绿色发展指标体系》、国家发展与改革委员会 2016 年颁布的《生态文明建设考核目标体系》、国家发展与改革委员会 2017 年颁布的《循环经济发展评价指标体系（2017 年版）》。

同时，指标的选取将参考环境安全界限理论（Planetary Boundaries）。2009 年，斯德哥尔摩恢复力中心（Stockholm Resilience Centre，SRC）基于科学研究结果和工业革命以来的大量数据，提出了环境安全界限理论。该理论划出了十个地球系统的安全界限（见图 8 – 2），包括：气候变化、海洋酸化、臭氧层破坏、氮循环、磷循环、淡水资源、土地利用、生物多样性、气溶胶污染、化学品污染。

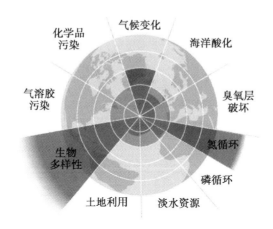

图 8 – 2　环境安全界限理论

SRC 指出，一旦逾越了安全界限，将带来无法逆转的环境改变的风险；而氮循环、生物多样性已突破了地球系统的安全上界限，蕴含着极高的生态环境风险。

（3）步骤三：指标体系构建。

经过初选得到的指标可能存在错误、重复或遗漏等情况，难以较好地满足指标体系构建的要求。因而需对初选得到的指标进行鉴别及筛选，以构建最终的指标体系，并对各指标进行解读。

8.3　环境高质量发展指标体系

本书构建由环境质量、污染防治、资源利用、环境管理四个维度构成的环境高质量发展评价指标体系。各维度存在相互促进、相互影响的联系。四个维度将共同推进环境的高质量发展。其中，环境质量关注环境状态、生态状态；污染防治关注排放强度、环境建设、绿色生活；资源利用关注资源产出、结构优化、综合利用；环境管理关注环保投资、公众满意、信息公开。具体指标构成如表8-1所示，包括4个一级指标、11个二级指标和45个三级指标。

表8-1　区域环境高质量发展指标体系

一级指标	二级指标	三级指标
环境质量	环境状态	全年优良天数比例
		集中式饮水水源地水质达标率
		城市水环境功能区水质达标率
		土壤环境质量
		区域环境噪声平均值
		交通干线噪声平均值
	生态状态	建成区绿化覆盖率
		受保护地占国土面积比率
		土地利用
		淡水压力
		生物多样性
污染防治	排放强度	CO_2 排放强度
		SO_2 排放强度
		NO_x 排放强度
		COD 排放强度
		氨氮排放强度
		工业固体废物处置量
		工业废水排放量
		城镇生活垃圾填埋处理量
	环境建设	城市生活污水集中处理达标率
		采暖地区集中供热普及率

一级指标	二级指标	三级指标
污染防治	环境建设	工业固体废物处置利用率
		医疗废物集中处置率
		工业危险废物集中处置率
		生活垃圾无害化处理率
	绿色生活	农村自来水普及率
		农村卫生厕所普及率
		新能源汽车保有量增长率
		城镇每万人口公共交通客运量
		城镇绿色建筑占新建建筑比重
资源利用	资源产出	资源产出率
		能源产出率
		水资源产出率
		建设用地产出率
	结构优化	可再生能源比率
		煤炭消费占能耗总量的比重
	综合利用	一般工业固体废物综合利用率
		规模以上工业企业重复用水率
		主要再生资源回收率
		城市餐厨废弃物资源化处理率
		城市建筑垃圾资源化处理率
		城市再生水利用率
环境管理	环保投资	环境保护投资占 GDP 的比重
	公众满意	公众对环境质量满意度
	信息公开	环保信息公开率

8.4 环境高质量发展指标解读

8.4.1 环境质量指标

环境质量指标主要由环境状态指标和生态状态指标两大类构成。

第一，环境状态指标。根据定义，人类生存的空间及其中可以直接或间接影响人类生活和发展的各种自然因素称为环境。环境状态强调以人类为中心的、环绕人们周围的各种自然因素的状态。因而，环境状态指标关注人周围的环境要素的状态，并依据环境要素进行分类，其细分三级指标分别关注大气环境质量、水环境质量、土壤环境质量及声环境质量。该分类方法与我国目前的环境质量标准分类相一致，即包含大气质量标准、水质量标准、土壤质量标准和声环境质量标准等几大类标准。

具体指标内涵及对应的计算方法如下所述：

首先是全年优良天数比例。该指标来源于《"十二五"城市环境综合整治定量考核指标及其实施细则》，可用来表征研究对象的大气环境质量。具体计算公式如下：

$$全年优良天数比例（\%） = \frac{API \leqslant 100 \ 的天数}{全年天数} \times 100\% \tag{8-1}$$

API（Air Pollution Index）全称为空气污染指数。它将常规检测的烟尘、总悬浮颗粒物、可吸入悬浮颗粒物、二氧化氮、二氧化硫、一氧化碳、臭氧、挥发性有机化合物等空气污染物浓度简化成为单一的概念性指数值形式，并分级表征空气污染程度和空气质量状况。本书选用 API 指标进行空气质量表征，能够综合、直观地表征城市的整体空气质量状况和变化趋势。

本书将 API 划分为六档，对应于空气质量的六个级别（见表 8-2）。API ≤ 100 对应的空气质量为优良。

表 8-2　空气污染指数（API）分级及对应空气质量

API	空气质量等级	相关表述
0 ~ 50	I 级	空气质量为优。此时不存在空气污染问题，对公众的健康没有任何危害
51 ~ 100	II 级	空气质量属于良。此时空气质量被认为是可以接受的，除极少数对某种污染物特别敏感的人以外，对公众健康没有危害
101 ~ 150	III（1）级	空气质量状况属于轻微污染。此时，对污染物比较敏感的人群，例如儿童和老年人、呼吸道疾病或心脏病患者，以及喜爱户外活动的人，他们的健康状况会受到影响，但对健康人群基本没有影响
151 ~ 200	III（2）级	空气质量属于轻度污染。此时，几乎每个人的健康都会受到影响，对敏感人群的不利影响尤为明显
201 ~ 300	IV 级	空气质量状况属于重度污染。此时，所有人的健康都会受到严重影响
>300	V 级	空气质量状况属于重度污染。此时，所有人的健康都会受到严重影响

第二，生态状态指标。相对于环境状态指标，生态状态指标强调环境整体的状态及稳定性。具体将通过以下指标进行表征：

（1）建成区绿化覆盖率。该指标来源于《"十二五"城市环境综合整治定量考核指标及其实施细则》，可用于表征研究对象区域内的绿化水平。具体计算公式如下：

$$建成区绿化覆盖率（\%）= \frac{建成区内绿化覆盖面积（平方公里）}{建成区总面积（平方公里）} \times 100\%$$

$$(8-2)$$

（2）受保护地占国土面积比率。该指标来源于《国家生态文明建设试点示范区指标（试行）》，可用于表征研究对象区域内受保护区域的面积占比。具体计算公式如下：

$$受保护地占国土面积比率（\%）= \frac{自然保护区面积（平方公里）}{区域总面积（平方公里）} \times 100\%$$

$$(8-3)$$

（3）土地利用率。该指标来源于环境安全界限理论，表征人类对土地进行利用的合理程度。依照环境安全界限理论，选用耕地占全部土地利用类型的比例作为土地利用安全界限的表征。具体计算公式如下：

$$耕地占比（\%）= \frac{耕地面积（平方公里）}{区域总面积（平方公里）} \times 100\% \qquad (8-4)$$

（4）淡水压力。该指标来源于环境安全界限理论，表征区域内淡水资源的丰富程度。根据环境安全界限理论，淡水资源的表征方式为全球人类水消耗（亿立方米/年），并认为全球人类水消耗的安全范畴是小于每年4万亿立方米。

由于中国各省具有人口分布不均的特点，使用总消耗量对省域淡水资源使用情况进行衡量难以反映现实问题。因而，根据IAEG-SDGs发布的可持续发展进程指标体系提出的有关淡水的指标，定义淡水压力为淡水资源指标情况的表征。计算公式如下：

$$淡水压力（\%）= \frac{用水总量（立方米）}{水资源总量（立方米）} \times 100\% \qquad (8-5)$$

8.4.2 污染防治指标

污染防治指标主要由排放强度指标、环境建设指标和绿色生活指标三大类构成。从机理上看，排放强度直接表征人类社会经济活动对生态环境造成的压力；环境建设指标体现研究对象区域控制污染防治所进行的努力；绿色生活指标体现研究对象区域控制污染排放所取得的成效。正如生态环境部副部长赵英民所言：打好污染防治攻坚战，是推动和引领高质量发展的重要手段，污染防治与高质量发展之间相互融合、密不可分；切实处理好两者之间的关系，既有利于推动高质量的发展，也有助于加快推进生态环境的改善。

首先是排放强度指标，属于污染防治指标中表征"压力"的二级指标，即区域内人类经济活动（驱动力）向环境系统排放的污染物强度。具体指标包括：

8.4.2.1 CO_2 排放强度

该指标来源于环境安全界限理论中的气候变化。工业革命后，由于人类大量使用化石燃料导致大气中二氧化碳等温室气体浓度增加打破了地球能量辐射的平衡，使得全球平均气温在波动中呈现出了上升的总体态势。气候变暖带来的后果包括极端气候事件趋强趋多、农业生产不稳定性增加、水资源问题更加严峻、冰川显著退缩、重大工程安全运行的风险加大、海平面上升威胁小岛屿国家及沿海城市、生物多样性遭到破坏等。

1992 年，联合国政府间谈判委员会达成了世界上第一个为全面控制二氧化碳等温室气体的排放以应对全球气候变暖给人类和社会带来不利影响的《联合国气候变化框架公约》。在阻止全球气温的继续升高方面，通过技术及政策的手段减缓或限制大气中二氧化碳浓度的增长是实现该目标的途径。

环境安全界限理论中选用"大气中的 CO_2 的浓度（百万分率）"或"辐射强迫（瓦/平方米）"作为气候变化安全界限的表征。考虑到大气流动的动态开放特性及浓度数据在省级层面极弱的可获得性，最终选择与《国家生态文明建设试点示范区指标（试行）》相结合，使用 CO_2 排放强度作为表征数据，计算公式如下：

$$CO_2 \text{ 排放强度（％）} = \frac{\text{当年 } CO_2 \text{ 排放总量（吨）}}{\text{GDP 总量（亿元，不变价）}} \times 100\% \tag{8-6}$$

8.4.2.2 SO_2 排放强度

该指标来源于《国家生态文明建设试点示范区指标（试行）》。SO_2 是常见的大气污染物，是酸沉降（包括酸雨、酸雪、酸雾等湿沉降及以气态物质、颗粒物等形式产生的干沉降）形成的重要前驱物。大气中 SO_2 浓度在 0.5ppm 以上对人体已有潜在影响；在 1～3ppm 时多数人开始感到刺激；在 400～500ppm 时人会出现溃疡和肺水肿直至窒息死亡。此外，SO_2 与大气中的烟尘有协同作用。当大气中 SO_2 浓度为 0.21ppm 时，烟尘浓度大于 0.3mg/L，可使呼吸道疾病发病率增高，慢性病患者的病情迅速恶化，如伦敦烟雾事件、马斯河谷事件和多诺拉等烟雾事件，都是这种协同作用造成的危害。

1995 年，我国修订的《大气法》首次增加了控制酸雨的条文，开启了我国对 SO_2 污染进行控制的阶段。进入"十二五"后，中国 SO_2 减排进入全面攻坚阶段，对污染源的排放监管和减排评估工作成为环境管理层面的迫切需求。

由此，使用 SO_2 排放强度作为表征数据以衡量大气污染防治中的 SO_2 减排成效，计算公式如下：

$$SO_2 \text{排放强度（％）} = \frac{\text{当年 } SO_2 \text{ 排放总量（吨）}}{\text{GDP 总量（亿元，不变价）}} \times 100\% \qquad (8-7)$$

8.4.2.3　COD 排放强度

该指标的设置参考了《国家生态文明建设试点示范区指标（试行）》。

COD（Chemical Oxygen Demand）全称为化学需氧量，是以化学方法测量水样中需要被氧化的还原性物质的量。水样在一定条件下，以氧化 1 升水样中还原性物质所消耗的氧化剂的量为指标，折算成每升水样全部被氧化后，需要的氧的毫克数以 mg/L 表示。在河流污染和工业废水性质的研究以及废水处理厂的运行管理中，COD 是一个重要的而且能较快测定的有机物污染参数。

由此，使用 COD 排放强度作为表征数据以衡量水污染防治中的 COD 排放控制的减排成效，计算公式如下：

$$COD \text{排放强度（％）} = \frac{\text{当年 COD 排放总量（吨）}}{\text{GDP 总量（亿元，不变价）}} \times 100\% \qquad (8-8)$$

8.4.2.4　氨氮排放强度

该指标的设置参考了《国家生态文明建设试点示范区指标（试行）》。

氨氮存在于许多工业废水中，其浓度取决于原料性质、工艺流程、水的耗量及水的复用等。许多湖泊和水库因氨氮的排放造成水体富营养化，严重威胁到人类的生产生活和生态平衡。

由此，使用氨氮排放强度作为表征数据以衡量水污染防治中的氨氮排放控制的减排成效，计算公式如下：

$$\text{氨氮排放强度（％）} = \frac{\text{当年氨氮排放总量（吨）}}{\text{GDP 总量（亿元，不变价）}} \times 100\% \qquad (8-9)$$

8.4.2.5　工业废水排放量

该指标来源于《循环经济发展评价指标体系（2017 年版）》，指研究对象区域内经过企业厂区所有排放口排到企业外部的工业废水量。指标可用以表征水污染防治中工业废水排放的规模。

8.4.2.6　城镇生活垃圾填埋处理量

该指标来源于《循环经济发展评价指标体系（2017 年版）》，指采用卫生填埋方式处置生活垃圾的总量。指标可用以表征固体废物污染防治中生活固体废物处理处置的规模。

其次是环境建设指标，主要涉及污水处理、集中供暖、废物处置等污染控排设施建设相关揭示衡量指标，属于污染防治指标中表征"响应"的二级指标。

具体将通过以下指标进行表征：

8.4.2.7　城市生活污水集中处理达标率

该指标来源于《"十二五"城市环境综合整治定量考核指标及其实施细则》，是指研究对象区域中城市建成区内经过城市集中污水处理厂二级或二级以上处理且达到排放标准的城市生活污水量与城市生活污水排放总量的百分比。指标可用以表征污水处理设施建设的成效。计算公式如下：

$$城市生活污水集中处理达标率（\%）=$$
$$\frac{城市污水处理厂生活污水达标处理量（万吨）}{城市生活污水排放总量（万吨）}\times100\% \tag{8-10}$$

8.4.2.8　生活垃圾无害化处理率

该指标来源于《"十二五"城市环境综合整治定量考核指标及其实施细则》，是指经无害化处理的研究对象区域内生活垃圾数量占区域内生活垃圾产生总量的百分比。指标可用以表征废物处置设施建设的成效。对应计算公式如下：

$$生活垃圾无害化处理率（\%）=\frac{生活垃圾无害化处理量（万吨）}{生活垃圾产生总量（万吨）}\times100\% \tag{8-11}$$

最后是绿色生活指标，属于污染防治指标中表征"响应"的二级指标。该分类下的指标关注人民基本生活中的绿色环保水平。具体包括以下表征指标：

8.4.2.9　农村卫生厕所普及率

该指标来源于《绿色发展指标体系》，反映农村疾病防控及居民生活水平提高程度。计算公式如下：

$$农村卫生厕所普及率（\%）=\frac{农村卫生厕所覆盖人口（万人）}{农村人口（万人）}\times100\% \tag{8-12}$$

8.4.2.10　城镇每万人口公共交通客运量

该指标来源于《绿色发展指标体系》，反映城镇公共交通设施建设及居民出行生活的绿色程度。计算公式如下：

$$绿色出行-城镇每万人口公共交通客运量（万人次/万人）=$$
$$\frac{公共交通客运量（万人次）}{城镇人口（万人）} \tag{8-13}$$

8.4.3　资源利用指标

环境高质量发展要求以较少的资源能源消耗和环境破坏来实现经济发展，提高资源利用效率是环境高质量发展的应有之义。资源利用指标主要由结构优化指标和综合利用指标两大类构成。从机理上看，结构优化指标主要表征社会经济系统能源结构的合理性，意图通过结构调整以降低社会经济活动对环境的影响；综合利用指标则表征对废水及固体废物等进行重复利用的水平，以体现研究对象区域废物资源化、循环经济发展水平。

资源产出指标，属于资源利用指标中表征"压力"的二级指标，其内涵为社会经济发展过程中利用各类资源的效率。具体下分指标包括：

8.4.3.1 能源产出率

该指标来源于《循环经济发展评价指标体系（2017 年版）》，是指研究对象区域生产总值与能源消耗量的比值，反映单位能源的产出情况。该项指标越大，表明能源利用效率越高。对应计算方式如下：

$$能源产出率（万元/吨标准煤）= \frac{地区生产总值（亿元，不变价）}{能源消费量（万吨标准煤）} \quad (8-14)$$

式中能源消费量涉及的能源主要包括：原煤、原油、天然气、核电、水电、风电等一次能源。

8.4.3.2 水资源产出率

该指标来源于《循环经济发展评价指标体系（2017 年版）》，是指研究对象区域生产总值与水资源消耗量的比值，反映单位水资源的经济产出情况。该项指标越大，表明水资源利用效率越高。对应计算方式如下：

$$水资源产出率（元/吨）= \frac{地区生产总值（亿元，不变价）}{地区总用水量（亿吨）} \quad (8-15)$$

8.4.3.3 建设用地产出率

该指标来源于《循环经济发展评价指标体系（2017 年版）》，是指研究对象区域生产总值与建设用地总面积的比值，反映单位面积建设用地的经济产出情况。该项指标越大，表明建设用地的利用效率越高。对应计算方式如下：

$$建设用地产出率（万元/公顷）= \frac{地区生产总值（亿元，不变价）}{地区城市建设用地面积（万公顷）} (8-16)$$

8.4.3.4 煤炭消费占能耗总量的比重

该指标参考了《"十二五"城市环境综合整治定量考核指标及其实施细则》中清洁能源使用率指标——研究对象区域终端能源消费总量中的清洁能源使用量的比例。相对地，煤炭消费的占比可视为研究对象区域非清洁能源消费的情况，且相关数据的获取更为直接、容易。对应的计算公式如下：

$$煤炭消费占能耗总量比重（\%）= \frac{地区煤炭消费量（万吨标准煤）}{地区能源消费量（万吨标准煤）} \times 100\%$$

$$(8-17)$$

该指标为负向指标，即比重越低，则研究对象区域的能源清洁化水平更高。

8.4.4　环境管理指标

良好的生态环境也是推动高质量发展的生产要素之一，而环境保护投资是实现好的生态环境的必然要求。环境管理指标主要由环保投资指标构成。从机理上看，环保投资指标能够体现研究对象区域对于环境管理的投入。

环境保护投资占 GDP 的比重：指标来源为《"十二五"城市环境综合整治定量考核指标及其实施细则》，表征研究对象区域为环境保护进行投资的数额，能够直接反映区域对环境保护的重视程度。计算公式如下所示：

$$环境保护投资比例（\%）=\frac{区域环境保护投资（万元）}{区域生产总值（万元）}\times100\% \qquad (8-18)$$

其中，区域环境保护投资 = 环境污染治理投资 + 环境管理与污染防治科技投入。

8.5　评价方法

本章研究将以熵权法为基础，结合 TOPSIS 法（"逼近于理想值的排序方法"，Technique for Order Preference by Similarity to Ideal Solution）构造环境高质量发展指数。其本质是根据有限个评价对象与理想化目标的接近程度进行排序的方法，能对现有对象进行相对优劣的评价。

与传统的 TOPSIS 法相比，改进的 TOPSIS 法主要是对评价对象与正理想解和负理想解的评价公式进行了改进；此外，熵值法根据各指标数据集合所提供的某种信息量的大小，客观地为指标体系中各个指标赋权，能有效弥补主观赋值法随意性较大的缺陷，使分析评价结果更加科学。

具体步骤简述如下：

（1）建立决策矩阵 X。设有 m 个评价对象，n 个评价指标，评价对象 i 中指标 j 的样本值记为 x_{ij}，其中 $i=1,2,\cdots,m$，$j=1,2,\cdots,n$；则初始决策矩阵可以表示为：

$$X=\begin{bmatrix} x_{11} & \cdots & x_{1n} \\ \vdots & \vdots & \vdots \\ x_{m1} & \cdots & x_{mn} \end{bmatrix}\equiv\left[x_{ij}\right]_{m\times n} \qquad (8-19)$$

（2）决策矩阵标准化。由于初始决策矩阵中各评价指标对总体指标体系影响的指向存在差异，因此，需要对初始决策矩阵中的数据进行标准化处理。一般而言，将与总体指标体系指向相同的指标（越大越好）定义为正向指标或效益型指标，并遵照式（8－20）将其进行标准化处理；将与总体指标体系指向相反的指标（越小越好）定义为负向指标或成本型指标，并遵照式（8－21）将其进行标准化处理：

$$x'_{ij} = \frac{x_{ij} - \min(x_j)}{\max(x_j) - \min(x_j)} \tag{8－20}$$

$$x'_{ij} = \frac{\max(x_j) - x_{ij}}{\max(x_j) - \min(x_j)} \tag{8－21}$$

指标标准化处理后，就可将式（8－19）转化为标准化矩阵，记为：

$$X' = [x'_{ij}]_{m \times n} \tag{8－22}$$

（3）确定指标权重 W。本书以熵值法确定各指标权重，计算过程如下：

1）x'_{ij} 为原数据标准化后结果，计算第 j 个指标下的第 i 个评价对象的特征比重 p_{ij}：

$$p_{ij} = \frac{x'_{ij}}{\sum\limits_{i=1}^{m} x'_{ij}}(0 \leqslant p_{ij} \leqslant 1) \tag{8－23}$$

2）同时，进一步通过斯梯林公式得到第 j 个指标的信息熵值，即：

$$e_j = \frac{1}{\ln(m)} \sum\limits_{i=1}^{m} p_{ij} \ln(p_{ij}) \tag{8－24}$$

当 p_{ij} 取值为 0 或者 1 时，定义 $p_{ij}\ln(p_{ij}) = 0$。

一般而言，信息熵值越小，意味着 x'_{ij} 值之间的差异越大，能够提供给被评价对象的信息也就越多。

3）计算第 j 项指标的权重 W_j。得到熵值后，将差异系数定义为 $d_j = 1 - e_j$。因此，d_j 越大，其在指标体系中的重要性也就越高，熵权也就越大。用 w 表示熵权，则第 j 项指标的权重可以由下式得到：

$$w_j = \frac{d_j}{\sum\limits_{k=1}^{n} d_k}(j = 1, 2, \cdots, n) \tag{8－25}$$

（4）构建加权规范化矩阵 V。如下所示：

$$V = X' \times W \tag{8－26}$$

（5）计算最优解 V^+ 和最劣解 V^-。定义各个指标的理想规划值集合为最优解，各个指标的最劣值集合为最劣解，计算公式如下：

$$V^+ = \{\max V_{ij} \mid i = 1, \cdots, n\} = \{V_1^+, V_2^+, \cdots, V_n^+\} \tag{8－27}$$

$$V^- = \{\min V_{ij} \mid i = 1, \cdots, n\} = \{V_1^-, V_2^-, \cdots, V_n^-\} \tag{8－28}$$

（6）计算各评价对象与最优解、最劣解之间的欧式距离 D^+、D^-。各个子系统的实际指标值与其最优解和最劣解的距离 D_{it}^+ 和 D_{it}^- 可分别表示为：

$$D_{it}^+ = \sqrt{\sum_{j=1}^n (V_{ij}^+ - V_{ijt})^2} \qquad (8-29)$$

$$D_{it}^- = \sqrt{\sum_{j=1}^n (V_{ij}^- - V_{ijt})^2} \qquad (8-30)$$

其中，V_{ij}^+ 与 V_{ij}^- 分别表示 V^+ 和 V^- 向量的第 j 个值。

（7）确定各评价对象与最优解的相对接近度 C_{it}。

$$C_{it} = \frac{D_{it}^-}{D_{it}^+ + D_{it}^-} \qquad (8-31)$$

式中，$C_{it} \in [0, 1]$；其值越接近 1 说明评价指数越高，反之越低。

根据前述（1）~（7）步骤，可计算得到环境高质量发展指数。

8.6　数据收集

数据收集主要通过年鉴查阅及数据库访问的方式进行。主要收集 30 个省级行政区各指标从 2005~2017 年共计 13 年的所有所需数据。收集对象包括：

——年鉴：《中国统计年鉴》、各省级行政区统计年鉴、《中国环境年鉴》、《中国国土资源统计年鉴》、《中国能源统计年鉴》等。

——政府官网：国家统计局国家数据网站（http：//data. stats. gov. cn/）、国家发展和改革委员会官网（http：//www. ndrc. gov. cn/）等等。

——相关学术研究：利用包括中国知网（https：//www. cnki. net/）在内的我国知识信息资源平台进行检索、筛选得到的相关学术研究；要求使用的学术研究成果必须来源于权威单位或权威学者并发表于重要期刊。

8.7　指标权重

通过熵值法确定的各指标权重等具体情况如表 8 - 3 所示。可以发现，在"环境高质量发展评价"指标体系中，既有正向指标（越大越好），也有负向指标（越小越好）。由于我们采取的是一种聚类分析的方法，每个指标属于"环境高质量发展评价"指标体系中相应的子维度，所以为了保证子维度内指标性质的一致性，我们采用式（8 - 21）对负向指标进行标准化，故各维度的性质均为正向，即维度得分越高越好。

表 8 - 3　环境高质量发展指标体系及对应指标权重

一级指标	二级指标	三级指标	权重	备注
生态环境	环境状态	全年优良天数比例（%）	0.012	正向指标
	生态状态	建成区绿化覆盖率（%）	0.094	正向指标
		受保护地占国土面积比率（%）	0.183	正向指标
		土地利用（%）	0.052	正向指标
		淡水压力（%）	0.007	负向指标
污染防治	排放强度	CO_2 排放强度（吨/亿元）	0.014	负向指标
		SO_2 排放强度（吨/亿元）	0.007	负向指标
		COD 排放强度（吨/亿元）	0.005	负向指标
		氨氮排放强度（吨/亿元）	0.004	负向指标
		工业废水排放量（亿吨）	0.004	负向指标
		城镇生活垃圾填埋处理量（亿吨）	0.098	正向指标
	环境建设	城市生活污水集中处理达标率（%）	0.019	正向指标
		生活垃圾无害化处理率（%）	0.023	正向指标
	绿色生活	农村卫生厕所普及率（%）	0.021	正向指标
		城镇每万人口公共交通客运量（万人次/万人）	0.093	正向指标
资源利用	结构优化	能源产出率（万元/吨标准煤）	0.066	正向指标
		水资源产出率（元/吨）	0.145	正向指标
		建设用地产出率（亿元/平方公里）	0.043	正向指标
	资源产出	煤炭消费占能耗总量的比重（%）	0.049	负向指标
环境管理	环保投资	环境保护投资占 GDP 的比重（%）	0.062	正向指标

此外，由表 8 - 3 可知，各细分指标所占权重相差较大，其中受保护地占国土面积比率（%）、水资源产出率（元/吨）、城镇生活垃圾填埋处理量（亿吨）、建成区绿化覆盖率（%）和城镇每万人口公共交通客运量（万人次/万人）分别占 0.183、0.145、0.098、0.094 和 0.093，权重相对较大；而工业废水排放量（亿吨）和氨氮排放强度（吨/亿元）仅为 0.004，权重较小。按照信息论基本原理的解释，信息是系统有序程度的一个度量，熵是系统无序程度的一个度量；指标的信息熵越小，该指标提供的信息量越大，在综合评价中所起作用理当越大，权重则越高。

8.8　本章小结

　　本书按照指标体系构建的五个原则——系统性原则、动态性原则、科学性原则、通用性原则、综合性原则，构建由环境质量、污染防治、资源利用、环境管理四个维度构成的系统的环境高质量发展评价指标体系。各维度存在相互促进、相互影响的联系。四个维度共同推进环境高质量发展。其中，环境质量关注环境状态、生态状态；污染防治关注排放强度、环境建设、绿色生活；资源利用关注资源产出、结构优化、综合利用；环境管理关注环保投资、公众满意、信息公开。具体指标包括4个一级指标、11个二级指标和45个三级指标，对每个指标进行了详细解读。通过熵值法确定了各指标权重。与传统的TOPSIS法相比，熵值法根据各指标数据集合所提供的某种信息量的大小，客观地为指标体系中各个指标赋权，能有效弥补主观赋值法随意性较大的缺陷，使分析评价结果更加科学。

9 全国环境高质量发展评价

本章基于前述分析方法，测评中国 30 个省级行政区环境高质量发展综合指数。并从环境质量、污染防治、资源利用、环境管理进行了对比分析。

9.1 全国环境高质量发展情况

如图 9 - 1 所示，为 2005 ~ 2017 年全国的环境高质量发展指数变化情况。13 年间，全国环境高质量指数呈持续增长的态势，由 2005 年的 0.77 增长至 2017 年的 1.22，增长率约为 58.14%，复合年增长率（Compound Annual Growth Rate，CAGR）约为 3.90%；增长速度较为平稳，且未出现较大的波动或突变性增长，稳中向好。

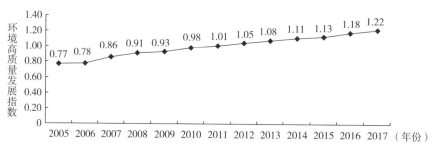

图 9 - 1 全国环境高质量发展指数变化情况（2005 ~ 2017 年）

持续的增长离不开国家环保政策的出台，带动全国层面的环境质量转好、污染排放降低、经济产出效率提高、环保意识增强。2005 年以来，我国环境保护机构不断完善，制度体系成形，政策着力于推进污染防治、资源利用、环境管理等方面的进度，以达到生态环境提升、达成环境高质量发展的目标。

——环境质量方面，在延续执行 2005 年以前出台标准的基础上，修订、更新了《地下水质量标准》（GB/T 14848—2017），《工业企业设计卫生标准》（GBZ1—2010）、《环境空气质量标准》（GB 3095—2012）、《土壤环境质量农用地土壤污染风险管控标准（试行）》（GB 15618—2018）、《土壤环境质量建设用地土壤污染风险管控标准（试行）》（GB 36600—2018）、《声环境质量标准》（GB 3096—2008）等标准，管控指标数据呈现逐步加严的趋势。标准的修订在我国的水环境、大气环境、土壤环境、声环境质量等生态环境质量管控中发挥了不可替代的作用①。

——污染防治方面，在延续执行 2005 年以前出台标准的基础上，修订、更新了《工业企业厂界噪声排放标准》（GB 12348—2008）、《建筑施工场界环境噪声排放标准》（GB 12523—2011），发布 2016 年版《国家危险废物名录》，对于水污染物、大气污染物、固体废物及噪声等污染的排放进行了规定，并逐步加严相关指标的规定。同时，新《中华人民共和国环境保护法》《中华人民共和国环境保护税法》的修订与颁布、财政资助的下放、融资渠道的拓宽、市场准入的加严等，从各方面倒逼污染企业的转型，激励企业采取污染减排技术革新举措。此外，对于燃煤电厂、石化行业、造纸行业、防治行业等重点高污染行业，国家出台了行业针对性的污染排放标准及系列政策以强化对各重点产业部门污染排放的控制。以造纸行业为例，国家发展与改革委员会于 2007 年出台了《造纸产业发展政策》，提出推进清洁生产工艺技术、实行制浆造纸废水排放许可证管理，国家发展与改革委员会与工业和信息化部于 2011 年出台了《造纸工业发展"十二五"规划》以推进造纸工业清洁生产，生态环境部（原环保部）于 2017 年出台了《造纸工业污染防治技术政策》以引导企业选择合适的清洁生产与污染防治技术等；而《制浆造纸工业水污染物排放标准》（GB 3544—2008）、《制浆造纸废水治理工程技术规范》（HJ 2011—2012）、《制浆造纸工业污染防治可行技术指南》（HJ 2302—2018）等规范性、指导性文件的出台也强化了造纸行业的污染排放控制。全面型及针对型标准、政策、指南的逐步出台在我国经济活动污染防治方面起到了重要作用。

——资源利用方面，为提高资源利用效率，优化经济能源结构，2009 年试行的、2018 年修正的《中华人民共和国循环经济促进法》等法律，2010 年国家发展与改革委员会及原环保部等部门编制的《节能环保产业发展规划》等发展规划，多批次的《国家重点节能技术推广目录》等，旨在从各方面推进社会经济朝着高效率的方向发展。特别地，为了推进工业园区循环经济的发展，自 2006 年《综合类生态工业园区标准（试行）》（HJ/T 274—2006）颁布以来，一系列针对工业园区生态化、循环经济转型的标准陆续颁布，包括《工业园区循环经济管理通则》（GB/T 31088—2014）、《工业园区循环经济评价规范》（GB/T 33567—

---

① 杨帆，林忠胜，张哲. 浅析我国地表水与海水环境质量标准存在的问题［J］. 海洋开发与管理，2018，35（7）.

2017)、《循环经济绩效评价技术导则》(GB/T 34345—2017)等，共同推进产业园区向循环化方向改革。

——环境管理方面，城市、区域环境类绩效考核指标的设定成为督促各级政府朝着环境管理制度化、透明化、有效化转型的利器。例如，《"十二五"城市环境综合整治定量考核指标及其实施细则》将"环境保护机构和能力建设""公众对城市环境保护满意率"等指标纳入考评体系；《国家生态文明建设试点示范区指标（试行）》在"生态制度"中将"环境影响评价率及环保产品和环境标志产品所占比例"和"环境信息公开率"作为考核的约束性指标；《绿色发展指标体系》同样将"公众对生态环境质量满意程度"作为地区绿色发展评价指标之一。

9.2 全国省域环境高质量发展比较

图9-2为全国30个省级行政区2005～2017年环境高质量发展指数变化情况，对应的具体数据如表9-1所示。

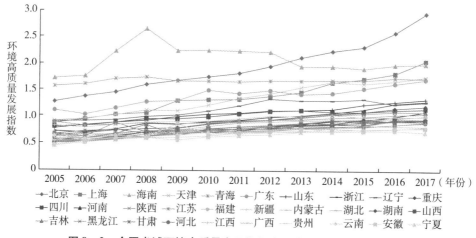

图9-2 全国省域环境高质量发展指数变化情况（2005～2017年）

表9-1 各省级行政区环境高质量发展综合指数测算结果（2005～2017年）

地区	2005	2006	2007	2008	2009	2010	2011	2012	2013	2014	2015	2016	2017
北京	1.29	1.39	1.47	1.61	1.69	1.76	1.83	1.96	2.13	2.25	2.33	2.60	2.96
天津	0.93	0.97	1.04	1.13	1.12	1.23	1.36	1.45	1.57	1.67	1.64	1.69	1.77
河北	0.51	0.54	0.58	0.64	0.68	0.73	0.78	0.79	0.82	0.84	0.84	0.88	0.92
山西	0.53	0.55	0.63	0.71	0.75	0.79	0.78	0.85	0.87	0.88	0.87	0.97	0.96
内蒙古	0.63	0.67	0.67	0.74	0.76	0.83	0.90	0.92	0.95	0.96	0.98	0.99	0.98

地区	2005	2006	2007	2008	2009	2010	2011	2012	2013	2014	2015	2016	2017
辽宁	0.92	0.93	0.95	1.01	1.04	1.12	1.22	1.35	1.32	1.32	1.35	1.26	1.30
吉林	0.63	0.60	0.68	0.86	0.65	0.78	0.78	0.80	0.85	0.87	0.93	0.95	0.94
黑龙江	0.65	0.63	0.89	0.72	0.75	0.79	0.82	0.85	0.90	0.89	0.91	0.94	0.94
上海	0.89	0.96	1.05	1.08	1.31	1.33	1.34	1.40	1.48	1.66	1.73	1.83	2.07
江苏	0.90	0.84	0.86	0.89	0.88	0.90	0.93	0.96	0.97	1.00	1.02	1.06	1.08
浙江	0.73	0.71	0.77	0.88	0.87	0.92	0.95	1.01	1.04	1.09	1.16	1.27	1.31
安徽	0.46	0.52	0.57	0.61	0.62	0.65	0.71	0.74	0.79	0.79	0.77	0.80	0.81
福建	0.69	0.63	0.69	0.73	0.75	0.79	0.83	0.87	0.90	0.90	0.95	1.00	1.04
江西	0.54	0.55	0.59	0.62	0.68	0.75	0.78	0.84	0.81	0.82	0.83	0.88	0.91
山东	0.79	0.85	0.90	0.94	1.01	1.06	1.08	1.13	1.14	1.16	1.25	1.30	1.35
河南	0.57	0.56	0.62	0.67	0.70	0.75	0.79	0.83	0.88	0.94	0.96	1.03	1.12
湖北	0.66	0.56	0.61	0.64	0.70	0.72	0.73	0.75	0.80	0.84	0.85	0.96	0.98
湖南	0.54	0.55	0.59	0.63	0.66	0.71	0.75	0.81	0.86	0.89	0.97	0.94	0.97
广东	1.13	1.05	1.17	1.29	1.31	1.51	1.45	1.51	1.44	1.46	1.55	1.64	1.72
广西	0.59	0.60	0.63	0.67	0.71	0.74	0.74	0.77	0.80	0.81	0.86	0.85	0.84
海南	1.73	1.77	2.24	2.66	2.25	2.26	2.25	2.23	1.96	1.96	1.92	1.99	2.01
重庆	0.66	0.69	0.75	0.78	0.80	0.88	0.94	0.96	1.02	1.07	1.11	1.18	1.22
四川	0.82	0.84	0.90	0.97	0.97	1.01	1.07	1.12	1.14	1.11	1.11	1.15	1.17
贵州	0.55	0.56	0.60	0.62	0.88	0.68	0.72	0.72	0.74	0.80	0.77	0.79	0.83
云南	0.64	0.58	0.65	0.63	0.66	0.71	0.69	0.72	0.76	0.76	0.78	0.80	0.82
陕西	0.56	0.60	0.65	0.71	0.79	0.87	0.92	0.95	1.00	1.06	1.08	1.12	1.11
甘肃	0.68	0.73	0.76	0.69	0.73	0.76	0.77	0.84	0.90	0.95	0.94	0.94	0.94
青海	1.58	1.62	1.72	1.75	1.68	1.68	1.67	1.69	1.69	1.70	1.70	1.75	1.74
宁夏	0.48	0.54	0.61	0.61	0.57	0.63	0.66	0.68	0.73	0.74	0.75	0.76	0.73
新疆	0.84	0.80	0.86	0.90	0.92	0.93	0.98	1.03	1.03	1.06	1.01	1.02	1.03

　　各省份环境高质量发展指数排序方面，图9-2中图例的排列顺序依照2017年各省份级行政区环境高质量发展指数的评价结果由高至低排列。可以观察到：2017年，环境高质量发展指数排名前五的省级行政区分别为：北京、上海、海南、天津、青海。其中，北京市凭借其重要经济及科研水平，在污染防治维度、资源利用维度拥有突出表现，助其环境高质量发展指数达到了2.96，一骑绝尘，超过第二名上海市数据的44.95%；上海市同样在经济发达及产业先进的基础上，在涉及污染排放强度及资源利用强度的污染防治维度、资源利用维度方面表现突出；天津市在资源利用维度上表现优越；海南省、青海省的生态环境维度指数得分是其整体环境高质量发展指数的重要贡献来源。

排名末五的省级行政区分别为：宁夏、安徽、云南、贵州、广西。除了排名前五的省级行政区及第六位的广东省在环境高质量发展指数方面的得分显著突出外（≥1.72），其余的24个省级行政区的环境高质量发展指数均集中在0.73～1.35的区间。

各省环境高质量发展指数增长方面，图9-3显示了2017年相对于2005年各

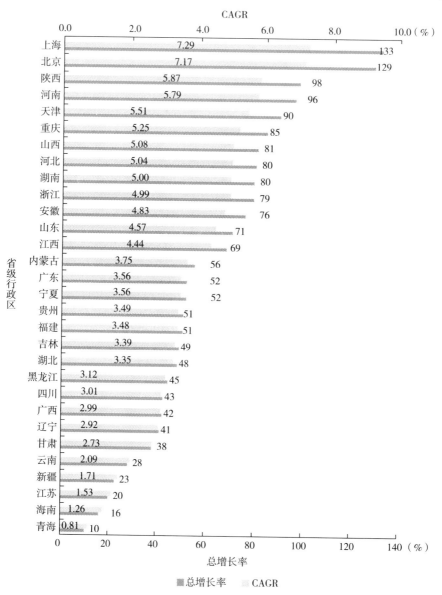

图9-3 全国省域环境高质量发展综合指数增长情况

省份环境高质量发展指数的总增长率及 CAGR 情况。可以观察到：13 年间，环境高质量发展指数增长最快的五个省级行政区分别为：上海、北京、陕西、河南和天津。其中，增长速度最为瞩目的当属上海市及北京市，分别以 133%、129% 的总增长率和 7.29%、7.17% 的年复合增长率问鼎，揭示出两地环境高质量发展的领先速度。而排名末五的省级行政区分别为：青海、海南、江苏、新疆、云南，13 年内的总增长率低于 30%，CAGR 低于 2.10%。其中，海南的环境高质量发展水平一直保持在全国前三、青海的环境高质量发展指数始终保持在全国前五，可认为是截至目前环境高质量发展水平保持得较为稳定的省级行政区；而云南的环境高质量发展指数排名从 2005 年的第 18 位降至了 2017 年的第 28 位，发展水平显著滞后于其他省级行政区。

9.3　全国省域环境高质量各维度比较

9.3.1　全国省域环境质量维度比较

图 9-4 为各省生态环境维度高质量发展指数变动情况，图例按照 2017 年的生态环境维度指标得分进行了排序。

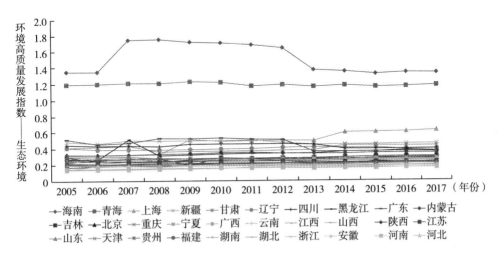

图 9-4　全国省域环境质量维度变化情况（2005~2017 年）

可以观察到：2017 年，生态环境维度高质量发展指数排名前五的省级行政区分别为：海南省、青海省、上海市、新疆维吾尔自治区、甘肃省。其中，海南省和青海省的指数得分显著高于其他省级行政区，为生态环境维持较好的区域。除了海南省、青海省及排名第三的上海市，其余的 27 个省级行政区的生态环境高质量发展指数均集中于 0.16～0.46 区间内，没有显著差异。

特别地，上海市与北京市类似，均为经济发达的直辖市。在提升区域生态环境方面，上海市主要采取了如下举措：形成具有上海特色的污染防治攻坚"1＋1＋3＋X"综合体系，贯彻落实生态文明体制改革，完善地方环保法制，投入环保建设资金等。这一系列举措带来了显著成效。需要注意到，由于生态环境维度细分指标最终选取了大气状态、绿化水平、水资源等指标，考虑到我国降水时空分布不均、各地气候差异显著等原因，上海在生态环境方面的先天禀赋优于北京市，同样也是其在生态环境方面表现优于北京的重要原因之一。

9.3.2　全国省域污染防治维度比较

图 9－5 为各省污染防治维度高质量发展指数变动情况，图例按照 2017 年的污染防治维度指标得分进行了排序。

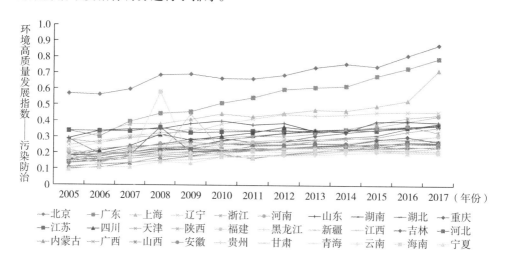

图 9－5　全国省域污染防治维度变化情况（2005～2017 年）

可以观察到：2017 年，污染防治维度高质量发展指数排名前五的省级行政区分别为：北京市、广东省、上海市、辽宁省、浙江省。注意到，排名靠前的省级行政区中大多是通常意义上经济较为发达的东部沿海省份；而前三名的北京市、广东省、上海市在 2005～2017 年污染防治指数的增长率同样明显快于其他省级行政区。在具体举措方面，各地均打响了污染防治攻坚战，如北京市的"蓝天保卫战"及水污染防治行动计划，广东省针对大气污染、水污染、土壤污染、固体废物污染出台了一系列防治行动计划及条例，上海市的污染防治攻坚"1+1+3+X"综合体系囊括了1个实施意见《关于全面加强生态环境保护坚决打好污染防治攻坚战建设美丽上海意见》，滚动推进7轮环保三年行动计划，深入实施大气、水、土壤等三大专项污染防治计划，以及推进11个专项行动等，所带来的污染排放强度降低的成效直接反映在了污染防治维度指标得分中。而受益于区域发达的经济、科研、产业基础，三个区域在提升生产效率、降低单位产能污染排放、实现绿色发展转型方面均具备领先的先决条件，并起到地区模范带头作用。

专栏 9 - 1

上海高质量发展的经验

上海市在实现高质量发展方面具有天然的城市战略优势，发挥其得天独厚的人才优势、教育优势和资源优势等，创造自己独特的服务、制造、文化品牌，以敢为人先的改革锐气和务实担当的积极态度推动城市高质量发展，具体来看：

一是优化城市核心功能，促进城市国际影响力不断攀升。上海市在城市高质量发展中能够积极参加全球合作竞争，以自身的大都市优势带动周边区域经济快速发展；在城市规划与城市发展中更加注重环境建设、强化城市功能、补短板，努力提高国际与国内贸易的便利程度，增强航运、空运等领域的突破。同时，对标国际最高水准努力创造引领全球的新功能、新科技，通过对自身优势资源的高效合理利用，扩大上海市在全球城市中的影响范围。

二是增强创新先发优势，促使创新作为城市高质量发展的新动力。上海市致力于打造以全球为影响力范围，带领全球科技发展的"科创中心"，充分发挥其带头作用，促进创新资源优化配置，努力创造出具有中国自主创新性的科技成果，并致力于将科技成果有效转化为现实生产力，这为上海市的高质量发展指明了新方向，提供了新动力；另外，上海积极推行深入改革，深化体制创新，弥补体制机制的不足之处，为实现高质量发展清扫障碍。

三是创造品牌优势，提高城市发展质量。上海在对于古代传统品牌的文化基因继承的基础之上，积极努力适应时代潮流的变化，积极迎合消费升级，抓住市场机遇，优化商品供应质量，打造集时代气息、地方特色、高价值以及高竞争力于一体的创新优势，重点塑造上海市自身所具有独特的服务、制造、购物、文化品牌。

四是释放人才优势与教育优势，树立高质量发展的引领性机制。人才为城市经济实现高质量发展提供基础与保障，上海市高校云集，教育优势明显，各大高校意识到创新人才培养体系的重要性，特别强调领军人才和领军团队对创新与发展的引领作用，要采取更具吸引力的突破性人才引进政策，为各类人才提供更加个性化的工作生活环境，以较为优质的环境与条件吸引各领域的高端人才；同时，全面激发各类人才创新创业动力和活力，深度发掘青年人才的创造潜力，营造出极具吸引力的人才发展生态环境，促使各类人才融入上海、扎根上海。

中共中央政治局委员、上海市委书记李强表示，上海经济有着不同于一般省域经济、一般城市经济的显著特征，将打造创新型经济、服务型经济、开放型经济、总部型经济、流量型经济，进一步推动上海高质量发展。

9.3.3　全国省域资源利用维度比较

图9-6为各省资源利用维度高质量发展指数变动情况，图例按照2017年的资源利用维度指标得分进行了排序。

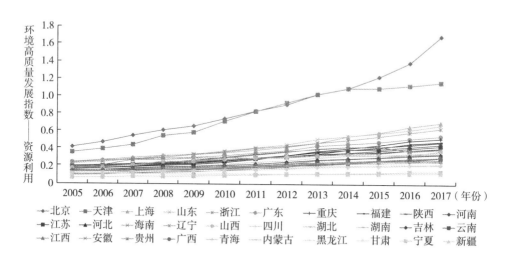

图9-6　全国省域资源利用维度变化情况（2005～2017年）

总体而言，各省资源利用维度高质量发展指数均呈现出了一定程度的增长，增长最为明显的省级行政区分别是得分最高的北京市和得分第二的天津市。此外，排名第三位至第五位的分别为上海市、山东省、浙江省，均为位于东部沿海的省级行政区。由于研究将选择天津市作为北京市在资源利用维度的对标比较对象，相关举措及成效的评述将在下章后文展开。

9.3.4 全国省域环境管理维度比较

图9-7为各省环境管理维度高质量发展指数变动情况，图例按照2017年的环境管理维度指标得分进行了排序。

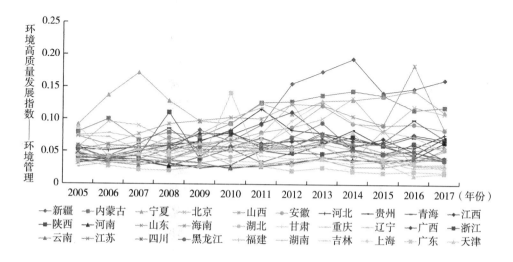

图9-7 全国省域环境管理维度变化情况（2005~2017年）

与其他三个维度的情况对比，各省环境管理维度高质量发展指数波动程度较大，未呈现明显的增长或下降趋势。以2017年的排名为例，前五名的省级行政区分别为新疆维吾尔自治区、内蒙古自治区、宁夏回族自治区、北京市、山西省；排名末五名的省级行政区分别为天津市、广东省、上海市、吉林省、湖南省。

9.4 本章小结

本章测评中国30个省级行政区2005~2017年的环境高质量发展综合指数，从环境质量、污染防治、资源利用、环境管理进行了对比分析。13年间，全国环境高质量指数呈持续增长的态势，由2005年的0.77增长至2017年的1.22，增长率约为58.14%，复合年增长率约为3.90%；增长速度较为平稳，且未出现较大的波动或突变性增长，稳中向好。2017 年，环境高质量发展指数排名前五的省级行政区分别为：北京、上海、海南、天津、青海。13 年间，环境高质量发展指数增长最快的五个省级行政区分别为：上海、北京、陕西、河南和天津。其中，增长速度最为瞩目的当属上海市及北京市，分别以 133%、129% 的总增长率和 7.29%、7.17% 的年复合增长率问鼎，揭示出两地环境高质量发展的领先速度。2017 年，生态环境维度高质量发展指数排名前五的省级行政区分别为：海南省、青海省、上海市、新疆维吾尔自治区、甘肃省。污染防治维度高质量发展指数排名前五的省级行政区分别为：北京市、广东省、上海市、辽宁省、浙江省。资源利用增长最为明显的省级行政区分别是得分最高的北京市和得分第二的天津市。环境管理前五名的省级行政区分别为新疆维吾尔自治区、内蒙古自治区、宁夏回族自治区、北京市、山西省。

10 北京环境高质量发展评价

本章基于构建的环境高质量指标体系，构建北京市 2005 ~ 2017 年环境高质量发展指数时间序列数据；对获取的北京市环境高质量发展指数时间序列数据进行细致解读；将北京市环境高质量发展指数与指标较优的省级行政区环境高质量发展指数进行对比分析。

10.1 北京环境高质量发展情况

表 10 - 1 为基于前述分析方法计算得到的北京市 2005 ~ 2017 年环境高质量发展综合指数。

表 10 - 1　首都环境高质量发展综合指数测算结果（2005 ~ 2017 年）

年份	2005	2006	2007	2008	2009	2010	2011
指数	1.29	1.39	1.47	1.61	1.69	1.76	1.83

年份	2012	2013	2014	2015	2016	2017	
指数	1.96	2.13	2.25	2.33	2.60	2.96	

图 10 - 1 为 2005 ~ 2017 年的首都环境高质量发展指数变化情况。13 年间，首都环境高质量指数呈持续增长的态势，由 2005 年的 1.29 增长至了 2017 年的 2.96，整体增长率达到了 129.46% 的水平、CAGR 约为 7.17%。

2005 ~ 2017 年，作为首都，北京市受国家相关环境政策的约束较强，地区环境高质量发展情况较好，环境高质量发展综合指数呈明显上升趋势。特别是 2015 年新《环境保护法》出台后，国家加强对环境污染的监管处罚力度，而北京市在原有政策的基础上，尤其针对大气污染治理做出了更多有针对性的规定，包括 2013 年以来陆续出台的《北京市 2013 ~ 2017 年清洁空气行动计划》《北京市贯彻落实〈京津冀大气污染防治强化措施（2016 ~ 2017 年）〉实施方案》《〈京

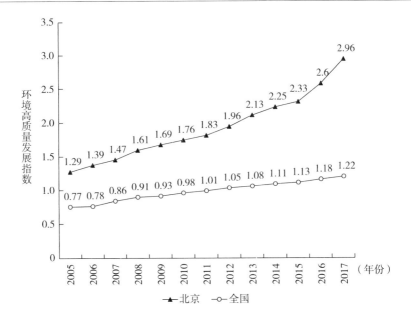

图 10 - 1 北京环境高质量发展指数变化情况（2005～2017 年）

津冀及周边地区 2017～2018 年秋冬季大气污染综合治理攻坚行动方案》北京市细化落实方案》《北京市打赢蓝天保卫战三年行动计划》等，政策的陆续出台全面规划着北京市大气污染防控路线图，北京市环境高质量发展综合指数得到了明显提升。

与全国环境高质量发展水平对比，可以发现，北京市的环境高质量发展综合指数曲线一直位于全国环境高质量发展综合指数曲线的上方，且两条曲线的间隔逐年加大，说明北京市在环境高质量发展水平方面是领先于全国平均水平的，且在水平提高的速度上远快于全国平均水平。

整体而言，2005～2017 年 13 年来北京市生态环境质量持续改善，主要污染物排放量持续下降，较好地完成了生态环境保护目标任务。

——环境质量方面，北京市全市空气质量持续改善，主要污染物年平均浓度全面下降，空气质量达标天数增加，总污染减少；地表水质持续改善，主要污染指标浓度值降低，劣 V 类水质比例下降，集中式地表水饮用水源地水质符合国家饮用水源水质标准；全市土壤环境质量总体良好，土壤生态风险得到管控；声环境质量基本稳定；辐射环境质量保持正常；造林绿化工程下，自然生态环境状况良好。

——污染防治举措方面，2008 年以来，北京市狠抓大气污染防治，采取综合治理措施，强化二氧化硫、二氧化氮、可吸入颗粒物等主要污染物的排放控制，并于 2018 年发布实施了《打赢蓝天保卫战三年行动计划》，强化区域联防联控，有效削减了地区大气污染物与温室气体的排放；2010 年通过《北京市水污染防治条例》以统筹水污染防治措施，2015 年印发了《北京市水污染防治工作方案》、设立水体污染防治分阶段目标，实施排污许可证管理制度等系列举措下北京市 COD、氨氮等水体主要污染物排放持续下降，污水处理率提升，河湖水环境明显改善。

——资源利用改善方面，社会发展配合污染防治举措的实施，经济产出率持续提升；可再生能源的使用得到持续推广，"蓝天保卫战"下"煤改气"行动推进区域能源结构清洁化改革；再生水利用量持续提升。

——环境管理状况方面，多年来北京市实施有利于生态环境保护的经济政策，加大对生态环境保护与治理的投入力度，完善政策绿色采购制度，建立绿色金融债券担保机制；推动公众参与污染防治，形成了良好的社会共治氛围。

图 10-2 显示了 2005～2017 年，首都环境高质量发展四个维度（环境质量、污染防治、资源利用、环境管理）指数的变化。可以发现，除 2005 年外，"资源利用"综合指数值均贡献了最大比例，且变化幅度最大；"污染防治"综合指数贡献程度位列第二，但增长幅度相对较小；"环境管理"和"环境质量"综合指数排名靠后且变化极小，其中"环境管理"综合指数历年来均处于较低水平。

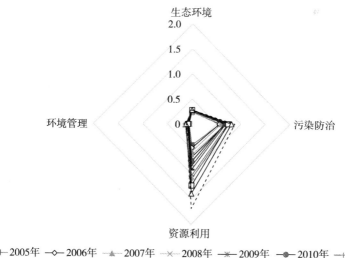

图 10-2 北京环境高质量发展各维度综合指数（2005～2017 年）

四个维度在 13 年间呈现不同的增长率的原因如下："污染防治""资源利用"和"环境管理"对应本书 DPSIR 概念模型中的"压力"和"响应",即既是推动环境高质量发展的因素,也是施行环境高质量发展后的发展成效,对应领域投入技术、资本等资源后往往在短期内就能收获成效;相对地,"生态环境"对应着 DPSIR 概念模型中的"状态",在"响应"的作用下其变化具有迟效性的特点,因为短期内对推动环境高质量发展的贡献较小,变化不甚明显。

各维度及其细分指标变化情况将在下文进行具体分析。

10.2 北京环境高质量发展各维度分析

10.2.1 北京环境质量分析

如图 10-3 所示,北京的生态环境高质量发展指数 2005～2017 年呈现出一定的增长态势,对应增长率为 18.66%,CAGR 为 1.44%,增长幅度较小、比例低。

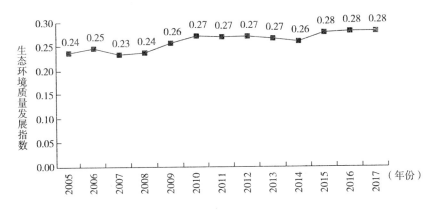

图 10-3 北京生态环境高质量发展指数(2005～2017 年)

具体至指标,如图 10-4 所示,"建成区绿化覆盖率""受保护地占国土面积比率"对生态环境维度的贡献较大;"土地利用"贡献适中;"淡水压力""全年优良天数比例"贡献较小。揭示北京市目前在土地利用、保护及绿化等方面高质量建设成效显著,而在水资源利用、大气污染控制方面仍任重道远。

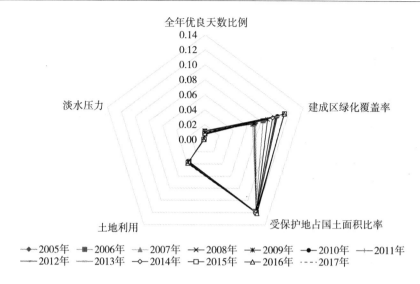

图 10 −4　北京环境质量各指标（2005～2017 年）

　　各指标变化情况方面，"全年优良天数指标"在 13 年间增长率为 −3.42%，CAGR 为 −0.29%，为生态环境维度下各指标间的最低数值，揭示出北京市大气污染状况倒退的情况现象。虽然在 2013 年之后，北京市政府采取了一系列大气污染防治的措施防治首都空气污染，但从全年优良天数指标方面来观察，仍任重道远。"受保护地占国土面积比率"指标在 13 年间的增长率为 0.75%，CAGR 为 0.06%，增长缓慢。"土地利用"指标在 13 年间的增长率为 9.20%，CAGR 为 0.74%，增长平缓。"淡水压力"指标总增长率为 12.19%，CAGR 为 0.96%，增长较为迅速；但总指标得分较低，仍存在较大的改善空间。"建成区绿色覆盖率"指标在 13 年间的增长率为 56.07%，CAGR 为 3.78%，为生态环境维度下各指标间的最高数值，揭示出北京市通过大力推动"山区绿屏、平原绿网、城市绿景"三大生态体系、拓展全市绿色空间等举措，在改善园林绿化、建设国家生态园林城市方面取得了显著成效。

10.2.2　北京污染防治分析

　　如图 10 −5 所示，北京的污染防治高质量发展指数 2005～2017 年呈现出增长态势，对应增长率为 53.71%，CAGR 为 3.65%，增长幅度适中，对北京环境高质量发展总指数的贡献较大。

　　具体至指标，如图 10 −6 所示，表征绿色生活中绿色出行的"城镇每万人口公共交通客运量"对污染防治维度的贡献最大；"城镇生活垃圾填埋处理量""二

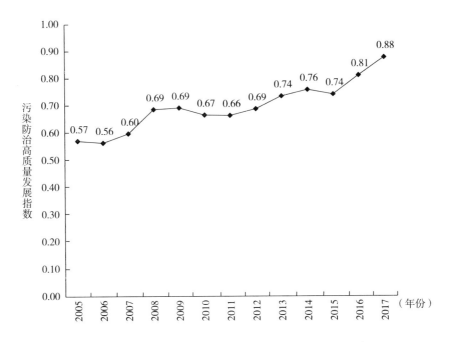

图 10 - 5　北京污染防治高质量发展指数（2005～2017 年）

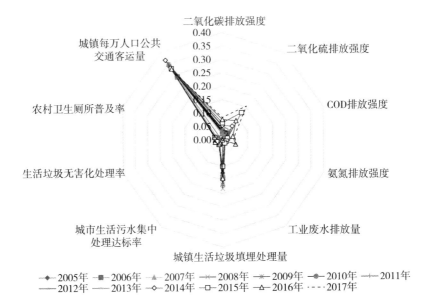

图 10 - 6　北京污染防治高质量发展指数（2005～2017 年）

氧化硫排放强度""二氧化碳排放强度""氨氮排放强度""COD 排放强度"等污染排放强度相关指标对污染防治维度的贡献较大。

各指标变化情况方面，"排放强度"二级指标下分的三级指标中，"二氧化硫排放强度"的指标得分在 13 年间增长率为 1357.08%，CAGR 为 25.01%，增长速度惊人，体现出二氧化硫作为长期以来的首要控制大气污染物已在成熟的控排技术方面配合相应政策的出台，且已得到稳定的控制，成效显著。类似地，"氨氮排放强度"指标得分总增长率为 849.47%，CAGR 为 20.63%；"COD 排放强度"指标得分总增长率为 470.02%，CAGR 为 15.61%；"二氧化碳排放强度"指标得分总增长率为 296.92%，CAGR 为 12.17%；各污染物排放强度控制方面成效喜人。"城镇生活垃圾填埋处理量"指标得分总增长率为 7.59%，CAGR 为 0.61%，增长较为稳健，但也意味着北京市生活垃圾产生量逐年增长，且主要通过填埋进行处置，尚未大规模地开展垃圾焚烧等资源循环利用的实践。"工业废水排放量"指标得分总增长率为 −90.38%，CAGR 为 −17.73%，呈现负增长，揭示北京市工业废水排放总量持续增长的态势。

"环境建设"二级指标下分的三级指标中，"城市生活污水集中处理达标率"指标得分在 13 年间增长率为 39.07%，CAGR 为 2.79%；"生活垃圾无害化处理率"增长率为 4.06%，CAGR 为 0.33%，可认为研究时间内没有发生明显改善。

"绿色生活"二级指标下分的三级指标中，"农村卫生厕所普及率"增长了 704.76%，CAGR 为 18.98%，增长较快，且仍存在较大的增长空间；"城镇每万人口公共交通客运量"下降了 7.06%，CAGR 为 −0.61%，但对污染防治维度的指标贡献维持在 35% 以上，揭示了北京市较好的公共交通基础设施建设程度与良好的绿色出行的推广成效。

10.2.3 北京资源利用分析

如图 10 − 7 所示，北京的资源利用发展指数 2005～2017 年呈现出增长态势，对应增长率为 298.91%，CAGR 为 12.22%，增长速度为四个维度中最快，贡献占比也最大。

具体至指标，如图 10 − 8 所示，"水资源产出率"对资源利用维度的指数贡献最大，贡献比例在 50% 以上；"煤炭消费占总能耗消费比重"增长显著，贡献比例由 10% 出头增长到了 30% 以上；"能源产出率"和"建设用地产出率"贡献较小。

各指标变化情况方面，"资源产出"二级指标下分的各三级指标得分均翻了至少一番。2017 年的"能源产出率"指标得分相较于 2005 年增长了 115.77%，

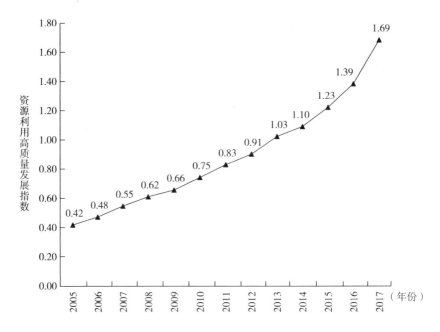

图 10 - 7　北京资源利用高质量发展指数（2005～2017 年）

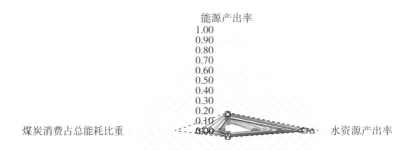

图 10 - 8　北京资源利用高质量发展各指标指数（2005～2017 年）

CAGR 为 6.62%；"水资源产出率"指标得分增长了 251.08%，CAGR 为 11.03%；建设用地产出率增长了 131.92%，CAGR 为 7.26%。这反映出北京市通过调节生产结构、改进生产技术等方式大幅度地提升了资源产出的效率。

"结构优化"二级指标下仅"煤炭消费占总能耗的比重"一项三级指标，13 年间增长了 928.99%，CAGR 为 21.44%，为资源利用维度下增长幅度最大的指标，揭示了北京市能源结构向清洁化、低碳化的快速成功转型。

10.2.4 北京环境管理分析

如图 10-9 所示，北京的环境管理高质量发展指数 2005～2017 年呈现出在明显波动中有所增长的态势，对应增长率为 93.50%，CAGR 为 5.65%。

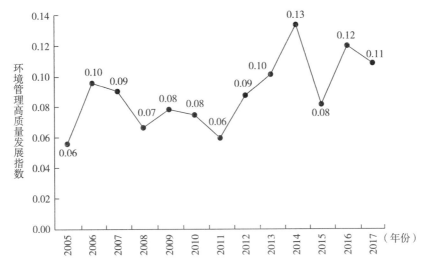

图 10-9　北京环境管理高质量指数（2005～2017 年）

具体来看，环境管理维度下仅"环境保护投资占 GDP 比重"一项指标。指标对应的北京市环保投资额及其占 GDP 比重等原始数据情况如图 10-10 所示，2017 年北京的环保总资额较 2005 年增长了 678.78%，整体呈持续增长趋势，揭示长期以来北京市投资市场对环保领域发展持较为乐观的态度，也从侧面反映了政策对环保行业持续稳定的支持态度。

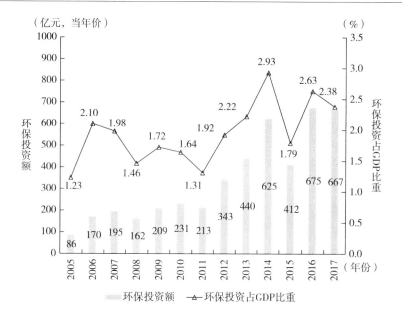

图 10 - 10　北京环保投资额及其占 GDP 比重（2005～2017 年）

10.3　环境高质量发展比较分析

　　与全国环境高质量发展水平相比较，首都环境高质量发展水平高于全国水平，且发展速度明显快于全国水平，具有明显的领先示范意义。

　　分维度来看，2017 年，环境质量维度北京市仅位列第十二名，对应第一名为海南省；污染防治维度北京市位列第一名，第二名为广东省；资源利用维度北京市同样位列第一名，第二名为天津市；环境管理维度北京市位列第四名，对应第一名为新疆维吾尔自治区，同时，该维度下各年省份排名变动较大，如 2005 年第一名为宁夏回族自治区，2010 年为广东省，2013 年、2015 年和 2017 年均为新疆维吾尔自治区。基于此，本小节将在各维度下分别对标表现较为优异的省级行政区，初步探讨北京市环境高质量发展进一步上升的空间。

10.3.1　环境质量比较分析

　　环境质量维度选取的比较对象为海南省，主要年份指数对比情况如图 10 - 11 所示。由图可知，5 个主要年份中北京的生态环境综合指数均低于海南，年均差为

1.15，且2010年的差距最大，为1.44。就具体指标而言，北京市在全年优良天数比例、受保护地占国土面积比率、淡水压力方面的得分低于海南省，尤其在受保护地占国土面积比率的得分差距最大，二者相差1.07。这说明北京市应加强生态保护地的保护工作，特别是在《北京城市副中心城市绿心起步区详细规划方案及剧院、图书馆、博物馆（暂定名）建筑设计方案征集资格预审公告》的指导下，通过开展城市副中心"城市绿心"绿地规划和造林建设，提升对北京市"城市绿心"的保护。此外，应加紧对淡水资源和大气环境的保护，以保障首都人民的生活质量。

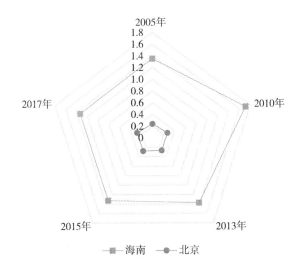

图10－11 环境质量维度比较：北京市 VS 海南省

10.3.2 污染防治比较分析

污染防治维度选取的比较对象为广东省，主要年份指数对比情况如图10－12所示。从图中可以看出，5个主要年份中北京市的污染防治综合指数均高于广东省，说明北京市在污染防治方面处于全国领先地位，侧面反映出北京市对污染源控制、污染物处理的重视。但同时可以发现，2013年后二者差距显著缩小，这主要得益于广东省在生活垃圾填埋及无害化处理、农村卫生厕所普及方面所获得的成就；相较于2013年，三项指标分别增长了35.44%、13.40%和5.37%。此外，由于污染物具有空间溢散的特点，所以北京市在继续巩固污染防治成果的同时，还应积极推广污染防治的经验技术，推进全国其他地区的污染防治工作，这样才能真正实现首都环境高质量发展。

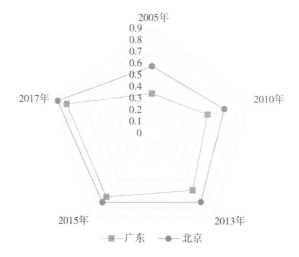

图 10 - 12　污染防治维度比较：北京市 VS 广东省

10. 3. 3　资源利用比较分析

资源利用维度选取的比较对象为天津市，主要年份指数对比情况如图 10 - 13 所示。由图可知，北京市的资源利用综合指数均大于天津市（全国次优水平），特别是 2013 年后，二者的差距逐渐拉大。结合相关指标可知，相比于天津市，

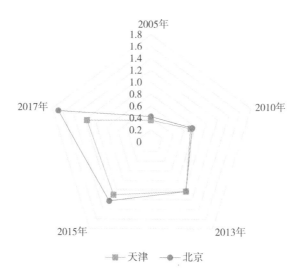

图 10 - 13　资源利用维度比较：北京市 VS 天津市

北京市的煤炭消费占能耗总量的比重较低，且自 2013 年以来该比重下降速度远快于天津；至 2017 年，天津市的煤炭消费占能耗总量的比重为 33.30%，而北京市仅为 4.65%。上述事实说明北京市在调整能源消费结构方面取得了显著进展，这也是助推北京市环境高质量发展的关键动力。但值得注意的是，未来北京市煤炭消费占比下降的潜力已十分有限，北京市环境高质量发展应该寻求新动力，如积极寻求清洁能源发展途径等；而相对而言建设用地产出率具有较大的提升潜力，2017 年北京市建设用地产出率为 13.26 亿元/平方公里，全国排名第九，远低于天津市（排名最高，16.73 亿元/平方公里），证明北京市仍具有较大的提升潜力。因此，未来发展中北京市应采取内涵挖潜的方式，在少量或不增加建设用地面积的情况下提高建设用地产出率，助推北京市环境高质量发展。

10.3.4 环境管理比较分析

环境管理维度选取的对标对象为宁夏回族自治区、广东省、新疆维吾尔自治区三个省级行政区。由于每年环境管理综合指数得分最高的省份有所不同，所以在选择对比对象时选择了各年得分最高的省份。具体地，2005 年选取了得分最高的宁夏回族自治区，2010 年为广东省，2013 年、2015 年和 2017 年均为新疆维吾尔自治区。主要年份指数对比情况如图 10－14 所示，各年份中北京市的环境管理综合指数均低于全国最优水平，说明在环境管理方面北京市还需进一步提高。结合具体指标可以发现，北京市的环境保护投资占 GDP 的比重增长明显，由

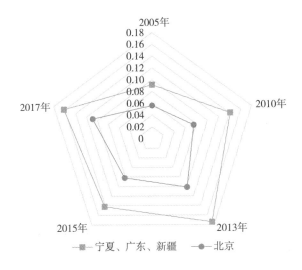

图 10－14　环境管理维度比较：北京市 VS 宁夏、广东、新疆

2005 年的 1.23% 增至 2017 年的 2.38%，但仍低于宁夏回族自治区的 2.44% 和新疆 3.53%。此外，根据《全国城市生态保护与建设规划（2015～2020 年）》，到 2020 年，我国环保投资占 GDP 的比例不低于 3.5%，因此北京市在环境保护投资仍有较大的提升空间。

10.4　研究结论及政策建议

就环境高质量发展下的四个维度而言，北京市在资源利用与污染防治维度得分较高，但在生态环境与环境管理维度表现一般；同样地，在与各维度得分最高的省份进行对比后发现，北京市在污染防治与资源利用维度的得分高于全国其他省份，而生态环境与环境管理维度得分分别低于海南省与宁夏回族自治区、广东省、新疆维吾尔自治区，且在生态环境维度的差距较大。通过上述分析中可以发现，北京市环境高质量发展过程中存在明显的倾向性，偏向于污染防治与资源利用等当下大众较为关注的问题；但当北京市环境高质量发展达到一定水平时，上述发展方向将难以继续提供动力。因此，寻求新动力将成为环境高质量发展首要解决的问题。

针对此，研究提出以下首都环境高质量发展建议：

首先，继续加强当地生态环境保护，特别是对大气环境、土地环境、水环境的保护，扩大生态保护用地（特别是加强对"城市绿心"的建设和保护），筑造城市生态保护屏障，为人民生产生活营造一个"绿水青山"的环境。

其次，走集约型城市建设之路，大力推进空间换地和低效用地再开发，促进了土地节约集约利用，着力提高城市建设用地产出率。

最后，继续增加环保投入，提高环境管理能力，学习借鉴全国其他省份和发达国家经验，逐步提高环保投资占 GDP 的比例（不低于 3.5%），切实落实"绿色发展"理念，实现人与自然和谐、经济与环境共荣。

10.5　本章小结

本章构建了北京市 2005～2017 年的环境高质量发展指数时间序列数据，并对其进行细致解读；将北京市环境高质量发展指数与指标较优的省级行政区环境高质量发展指数进行对比分析。13 年间，首都环境高质量指数呈持续增长的态势，由 2005 年的 1.29 增长至 2017 年的 2.96，整体增长率达到了 129.46%。与全国环境高质量发展水平对比，北京市的环境高质量发展综合指数曲线一直位于全国环境高质量发展综合指数曲线的上方，且两条曲线的间隔逐年加大，说明北京市在环境高质量发展水平方面领先于全国平均水平，且在水平提高的速度上远快于全国平均水平。除 2005 年外，"资源利用"综合指数值均贡献了最大比例；"污染防治"综合指数贡献程度位列第二。在与各维度得分最高的省份进行对比后发现，北京市在污染防治与资源利用维度的得分高于全国其他省份，而生态环境与环境管理维度得分分别低于海南省与宁夏回族自治区、广东省、新疆维吾尔自治区，且在环境质量维度的差距较大。基于分析，提出了提升首都环境高质量发展的对策建议。

11　科技赋能环境高质量发展研究

本章集中研究科技赋能环境高质量发展，以环保高新技术产业园区为例分析。环保高新区作为城市产业功能的主要空间形态，在改善相关产业的区域投资环境、引进外资、促进产业结构调整和发展经济等方面能够发挥积极的辐射、示范和带头作用，是科技创新引领环境高质量发展的重要载体。

11.1　环保高新区的科技支撑作用分析

高新技术产业园区（以下简称"高新区"）至今已有70年的发展历史。具体来说，高新区发源于美国，时任美国斯坦福大学副校长 Frederick Ferman 曾提议在校园内创办一个小公司，并交由学生来管理，目的是为学生们提供开发新产品、实现新设计的平台。1951 年，*Ferman* 的提议最终变成了现实，以斯坦福大学为依托的"斯坦福研究园"（Stanford Research Park）正式成立，标志着高新区的正式出现。由于其大量生产硅片，因而得名"硅谷"（Silicon Valley）。硅谷很快成为了世界知名的高新技术研究开发和制造中心，其成功发展为推动美国科技创新发展做出了重要的贡献，而且成为了世界各地纷纷效仿的典范。

自20世纪60年代开始，发达国家或地区相继建立了各种类型的高新技术产业开发区或创新区。除了美国硅谷以外，还出现了以美国的128号公路、北卡罗来纳三角研究园、路易斯安那州的硅沼和加拿大首都渥太华西郊的"北硅谷"等为代表的高新区。日本20世纪70年代实现经济起飞，并成为世界第二大经济大国，科技城和高新技术产业开发区的建设对日本克服发展空间小、要素匮乏缺乏等劣势发挥了重要作用。而战后的欧洲，高新技术产业也发展较快，英国的剑桥、法国的索菲亚、德国的海德堡、苏联的新西伯利亚等高新区相继建立，对推动区域经济快速发展和实现创新转型发挥了主导作用。在亚洲，除了日本，以色列特拉维夫、印度班加罗尔等地的高新区发展得也很快。在这些园区内，不仅高技术产业专业化程度非常高，而且园区内各企业间互助互学也很普遍，极大增加了知识交流、技术交流和信息交流的可能性①。

高新园区已被证实可以在促进园区企业创新能力②、培育创业人才③、高新技术产业发展、地区经济增长等方面具有重要的作用④。西方发达国家通过将科技园作为一项制度安排和空间聚集载体的结合体，在推动高新技术产业发展、促进科技成果转化、加快创新进程、提升国家创新能力方面取得了实质性成果。在中国及日本、韩国和中国台湾等地区，高新区则带来了跨越式的增长。当前，区域技术革新和产业发展已成为政府部门长期关注的焦点。可见，这些高新区的成功实践成为世界经济发展中最有影响力和最为瞩目的焦点，有效的制度安排和空间载体是科技创新实力提升的重要保障。通过建立高新技术产业园区、科技园、科技城等政策及空间载体，加快创新环境建设、促进高新技术产业发展，早已成为世界主要国家和地区提升产业竞争力和国家竞争力的战略性选择。

环保高新区作为执行城市产业功能的主要空间形态，在改善相关产业的区域投资环境、引进外资、促进产业结构调整和发展经济等方面能够发挥积极的辐射、示范和带头作用，是科技创新引领环境高质量发展的重要载体。环保高新区自主创新能力的提高与转变将以其先行发展带动区域，乃至于整个国家科技创新体系的全球领先。由此，环保高新区作为科技支撑，其对于环境高质量发展的重要作用可见一斑。

11.2　环保高新区发展要素与动力机制

高新区创新网络的形成过程可以分为孕育期、成长期和成熟期三个阶段。在形成初期，即孕育期，只有一些松散的高新技术企业的集聚，企业间相对独立存在；当合作的需求和愿望越来越普遍时，园区内企业彼此展开合作，集聚成为创新种群。在这一阶段，资源共享和能力互补发挥着重要的作用。随着合作的进一步深入，高新区创新网络的发展进入成长期，创新主体间交易的增加，创新网络

①　张新明. 国家级高新技术产业开发区发展要素分析及上海张江高新区实证研究［D］. 华东师范大学，2013.

②　Martinezcanas R. Concept Mapping as a Learning Tool for the Employment Relations Degree. ［J］. Journal of International Education Research，2011（7）：23－28.

③　Mohammad Ebrahim Sadeghi，Ali Asghar Sadabadi. Evaluating Science Parks Capacity to Create Competitive Advantages：Comparison of Pardis Technology Park and Sheikh Bahaei Science and Technology Park in Iran ［J］. International Journal of Innovation & Technology Management，2015，12（6）.

④　Jongwanich J，Kohpaiboon A，Yang C H. Science Park，Triple Helix，and Regional Innovative Capacity：Province－level Evidence from China ［J］. Journal of the Asia Pacific Economy，2014，19（2）：333－352.

间合作信任效应逐步显现，合作氛围逐步融洽，促进了创新主体间的合作和创新网络的进一步发育。当合作信任由强制性的契约信任发展到自觉的共识信任，创新网络便逐步走向成熟期，创新生态系统也随之形成（见图11–1）。

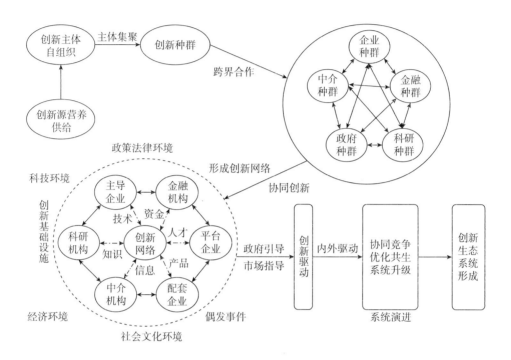

图 11 –1　高新区创新网络动态演化概念模型

从高新区的演化过程及其构成要素来看，高新区动力是指推动园区创建与成长的所有积极因素，以高新区不同演化阶段为标准可将动力细分为生成动力与发展动力。高新区的创建兼具历史必然性与偶然性，其生成动力表现出不确定性和不稳定性；发展动力则通常涵盖较稳定的互动关联，能呈现可循的作用规律，并且它是高新区顺利实现阶段转换的基础。针对环保高新区发展要素和演化动力机制的探讨，可归纳为研究支撑和驱动高新区形成与演进的一系列相关动力要素，以及这些要素构成的结构体系与运行规则。

目前，国内外学者基于产业集群或创新集群研究群体，从不同视角提出了诸多阶段演化的动力。这些观点的划分多数以动力产生的根源为标准，大体可分为具有市场自组织特点的内源性和具有制度政策孵化特点的外源性动力。内源性动力是一种自发的内在力量，具有市场自组织特征，对高新区演化具有直接、基础性的影响，表现为邻近性、外部经济性、知识利用等方面；外源性动力主要来源于外部环境和政府有意识的引导与管控，对高新区阶段演化起到间接的辅助作用，具体反映在区位条件、政府行为、外部竞争、园区品牌和技术进步等方面上。以下将对各发展要素/动力在促进环保高新区发展方面的作用机制。

11.2.1 邻近性

邻近性反映创新网络中不同组织单元拥有共性的"类"或"群"特征，它内生地存在于高新区的"结构——关系——行为"之中，而不是游离于园区的活动之外。Boschma[①]通过对以往区域地理文献的整理，将邻近性归纳为地理邻近、社会邻近和行业邻近三种。其中，地理邻近是指创新主体间的地理空间距离较小，不会阻碍双方的正常沟通与合作；社会邻近的内涵相对丰富，与社会根植性概念有关，强调主体间的相互关系及网络结构对园区成长效果的作用，这种邻近性反映在组织、文化和制度等领域；行业邻近是指创新主体所在领域相同或相近的特征。

11.2.2 外部经济性

外部经济性是指在高新区要素群集阶段，企业在若干关键要素主导下形成空间聚拢，随着新产品、新技术的地理集聚，企业间专业化分工日趋深化，关联主体间的优势互补在增加自身效益的同时扩大了行业规模，由此外部规模经济与外部范围经济逐渐凸显[②]。这种经济效果的出现与企业在园区内的集聚密切相关，多数企业在各种因素束缚下无法借助内部扩张实现规模经济与范围经济，这逼迫该群体寻求同关联主体的广泛合作，促成了专业化分工下的横纵向经济协作。协作分工带来的外部规模经济体现在横向与纵向两个层面：横向上，同类产品生产企业的协作，提高了整个集聚体内部的经济规模，内部单位产品的成本大幅降低，达到规模基础上的收益递增；纵向上，专业化分工使价值链上各环节企业专注某一产品或部分的价值创造，而后再与关联组织一同完成价值链的所有增值活动，从中企业个体获取了外部范围经济，整个集聚体达到了内部范围经济。

11.2.3 知识利用

知识利用在高新区阶段演化中的动力机制分为以下四步：第一步，在既定知识存量下园区借助共享机制与流动机制，提高内部知识资源的使用频率与效率，

① Boschma R A. Proximity and Innovation [J]. Regional Studies, 2005, 39 (1): 61 - 74.
② 郑石明，徐放，任柳青. 国家高新区科技创新政策变迁研究——基于倡导联盟框架的分析 [J]. 中国公共政策评论，2017，13 (2): 136 - 152.

达到现有知识资源的效用最大化；第二步，利用转移机制和学习机制，从园区外部持续获取新知识，以园区知识流量带动知识存量提升；第三步，知识资源运用过程中强化整合与再创，将知识存量转化为园区特有资源优势，进而内化为高新区的自主创新能力，驱动园区向更高阶段演进；第四步，通过反馈机制，园区自主创新能力的形成必然强化整体的知识资源利用能力，形成新的知识资源利用需求，开始新一轮的高新区知识资源利用过程。

11.2.4 区位条件

区位条件是指单位进行空间配置的外部约束因素，是自然界各种地理要素与高新区经济活动之间的相互联系在空间位置上的反映，包括自然环境与社会经济环境两个方面。高新区在萌芽期对不同地理区位的选择，意味着要素供给丰富程度不同导致园区阶段演化的差异。Bruno 等认为，供应充足、接近雇主与市场、邻近高校、土地易得、交通便捷、优越的人居环境等区位条件，对高新区开展创新活动的影响较显著①。园区的区位选择应着重考虑邻近智力密集区、健全的基础设施、优越的生产生活条件和充足的专业人才四个因素。姜彩楼通过实证分析得出交通运输能力、通信条件和工资水平对高新区的绩效水平影响最大；白雪洁等认为高新区的创新效率与所处区位的基础设施、工资、高等院校数量显著正相关②。

11.2.5 政府行为

我国高新区的发展是在特定制度环境下进行的，政府行为对高新区的阶段演化产生重要影响。园区各创新主体的相互作用是复杂的，必须借助合理有效的宏观管控手段，将高新区内主体间的相互作用力凝聚在同一目标周围，在协同效应带动下不断增强园区的整体功能③。政府行为集中反映在高新区软硬环境建设上，硬环境主要是建设完善的基础设施、优美的人居环境、发达的交通通信与信息环境等；软环境包括相对优惠的政策环境、稳定完善的法律环境、公平活跃的市场环境、鼓励创新的文化环境及优越发达的配套环境等，这些能为企业成长创造优越的园区氛围，而且政府利用对研究开发的倾斜促进高校、科研院所科技成果向高新区转移，深化园区跨主体、跨地域的广泛交流协作，加快知识积累和创

① Bruno A V, Tyebjee T T. The Environment for Entrepreneurship [J]. Encyclopedia of Entrepreneurship C A, 1982.

② 白雪洁，闫文凯，孙溪悦. 源于区位与城市政治级别差异的经营效率及创新效率背反——基于 SBM 模型的我国国家级高新区效率解构 [J]. 科技进步与对策，2014（9）：28-33.

③ 赵海东. 资源型产业集群与中国西部经济发展研究 [M]. 北京：经济科学出版社，2007.

新实力提升，推动高新区质与量在不同程度上的同步提升。在政府行为中，政策倾斜和项目支持是刺激高新区演化动力最明显的两个因素，实施效果在国内外实践中得到反复验证。

11.2.6 外部竞争

国内市场与国际市场是高新区面临的两大竞争环境，而各项要素的投入都以提升园区参与外部市场竞争实力为目的，并且外部竞争威胁及竞争性市场需求能促进园区潜能释放。在全球价值创造体系重构背景下，高新区只有积极融入外部竞争尤其是国际市场竞争中，寻找恰当的竞争结构与竞争方式，才能获取园区持久的竞争优势，在全球价值链中占据高端环节[1]。同时，积极参与外部竞争有助于保持园区系统开放性，确保园区与环境实现更畅通的要素互动，防止因封闭而频现集群风险与成长危机。

11.2.7 园区品牌

品牌塑造是高新区竞争优势获取的关键与标志。目前我国多数园区产品服务的档次及科技含量偏低，具有核心知识产权的自主知名品牌缺乏。尽管这些产品与服务拥有极其可观的国际市场份额，但90%以上的产品收益被价值链高端持有者瓜分。我国高新区内的企业在这种状况下，缺乏持久的生命力和创新力。可见，知名园区品牌是体现产品或产业综合价值的社会信号，有助于创新主体迅速嵌入全球价值链并迅速向高端攀升，推动园区产业结构升级。

11.2.8 技术进步

技术进步在内生增长理论中属于重要的内生变量，但对于被视为动态系统的高新区而言，技术进步通常意味着技术环境的改变。这种影响主要体现在以下三方面：首先，技术进步提高了高新区的生产效率，既为园区创新主体提供了先进的生产设备和管理手段，又加速了创新成果的转化速度，缩短园区内部产业升级的周期；其次，技术进步加速了技术范式的转换，通过直接作用于生产力引起相应的制度变革，推动技术范式的转换；最后，技术进步改变了园区的成长环境，在全球经济一体化驱动下，技术进步促使发达国家不断将技术含量低的生产环节外包给他国，为这些国家高新区的发展提供了技术基础和经验保证，同时发达国家的高科技

① Bengtsson M, lvell. Climate of Competition, Clusters and Innovative Performance［J］. Scandinavian Journal of Management, 2004, 20（3）：225 – 244.

企业能够专注高端研发，用更快的技术更新速度来带动其他地区高新区的发展①。

11.3 北京市环保高新区发展研究

11.3.1 北京市环保高新区发展成效

党的十九大报告明确提出坚持节约资源和保护环境的基本国策，形成绿色发展方式和生活方式。北京作为首都，一直以来在全国发挥示范引领作用。伴随着环境推动政策出台，引导资本大量涌入，市场需求快速增加。根据不完全统计，2017年，北京市节能环保企业4677家，其中节能行业1042家，环保行业3565家，资源循环利用行业70家，实现总收入3070亿元，占全国比重约5%。北京节能环保产业以第三产业为主，服务业总收入占比超过85%。从空间布局来看，节能环保企业主要集中布局在海淀区、昌平区、通州区等地的园区内（见表11－1）。总体来看，北京市节能环保产业发展规模初显，产业集聚特征日趋明显。

表11－1 北京市环保高新区概况

环保高新区名称	所在区域	典型企业
中关村环保科技示范园	海淀区	高能环境
中关村科技园区金桥科技产业基地	通州区	桑德集团，华新绿源
中关村科技园区昌平园	昌平区	神雾集团，北京红树林
北京经济技术开发区	大兴区	合康新能

北京市环保创新资源全国领先，涌现出一批创新成果。拥有中国科学院生态环境中心、中国环科院等国家部委直属节能环保科研机构43家，节能环保类国家重点实验室42个，市级节能环保类的重点实验室和工程技术研究中心62个。餐厨垃圾生化处理机、膜生物反应器等技术和产品已成为国家标准，"3H"制膜工艺、湿法烟气脱硫集成技术等产品技术实现进口替代，污泥综合处置、干混砂浆循环利用生产线等资源再生利用装备进入市场化应用阶段。

北京市在环保的细分领域特色明显，部分行业处于领先地位。在节能服务、水处理、大气污染治理、固体废弃物处理、土壤及生态修复等方面，北京市具有

---

① 周元，王维才．我国高新区阶段发展的理论框架——兼论高新区"二次创业"的能力评价［J］．经济地理，2003，23（4）：451－456．

一批掌握自主知识产权关键技术的骨干企业，在蓄热式高效燃烧技术、智能控制技术、水务投资运营、膜技术、雨洪综合利用、脱硫脱硝、垃圾综合处理、柔性垂直生态屏障系统、流域景观改造等节能环保细分领域具有明显的技术优势。

北京市环保产业发展模式转型加快，龙头带动作用不断凸显。依托丰富的资本、技术资源与企业总部资源，集聚了一批面向全国投资发展的总部企业，通过创业孵化、合资合作、大企业节能环保业务专业化剥离等方式，推动一批节能环保技术创新型企业快速发展，商业模式不断创新，业务范围加速拓展，涌现出节能诊断、节能超市、环境污染第三方治理、PPP 等节能环保新模式新业态。

在一系列资源与政策的支撑下，北京市的环保产业科技产出成效也十分突出。根据《2016 年北京市战略性新兴产业知识产权（专利）状况》，2016 年，北京市节能环保产业的发明专利授权量为 3286 件（见图 11-2），同比增长 18.0%，高于北京市发明专利授权水平 3 个百分点；占北京市发明专利授权量的 8.1%，占北京市战略性新兴产业发明专利授权量的 18.8%；占全国节能环保产业发明专利授权链的 12.9%，排名全国第二，仅次于占比 13.3% 的江苏省。截至 2016 年底，北京市的节能环保产业发明专利拥有量 14074 件，占北京市发明专利拥有量的 8.4%；占全国节能环保产业发明专利拥有量的 14.8%，排名全国第一[①]。

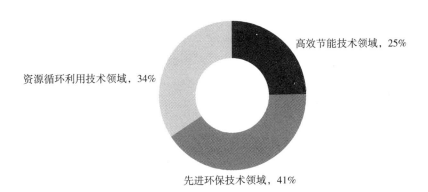

资源循环利用技术领域，34%

高效节能技术领域，25%

先进环保技术领域，41%

图 11-2　2016 年北京市节能环保产业专利情况（分领域）

11.3.2　北京市节能环保产业存在问题分析

北京市节能环保产业仍存在下列问题亟待解决：

问题之一：政府行为对产业管理机制不畅。市级层面尚未在节能环保产业领

---

① 北京市知识产权局．《2016 年北京市战略性新兴产业知识产权（专利）状况》白皮书［J］．电子知识产权，2017.

域形成明确的职能分工，存在多头管理情况，条块分割较为严重，产业发展指导和服务体系尚不健全，"政出多门、各自为战"现象明显，亟须形成产业支持的"政策合力"。

问题之二：市场环境有待规范。节能环保产业存在地方保护和行业垄断等市场不规范现象，尤其是在自来水、垃圾收运处置等市政及特许经营领域存在明显的隐形壁垒，社会资本进入难度较大，往往需要通过与地方政府合资、合作或在当地注册成立分公司等途径打开市场。此外，由于市场监管不到位，低价中标等恶性不规范竞争时有发生，导致技术研发投入较高的创新型企业在竞争当中处于不利地位，形成"劣币驱逐良币"的逆向淘汰机制，影响产业健康发展。

问题之三：创新成果转化困难。尽管北京市高校院所在节能环保领域拥有一批国内领先甚至国际领先的创新成果，诸多节能环保新技术、新产品尚停留在实验和示范阶段上，技术和产品应用成本高，创新资源优势尚未充分转化为产业发展优势，加上周边产业配套能力不足，节能环保创新成果产业化链条尚未完全打通，科技成果转化为现实产业发展生产力的比例仍较低。

问题之四：企业融资成本偏高。节能环保产业全行业资产负债率达到60%左右，与其他行业相比整体负债率处于较高水平，属于投资大、周期长的重资产行业。在节能减排绿色化发展的大背景趋势下，节能环保PPP模式快速发展，但由于部分项目，陷入流动性不足、资金链紧张甚至断裂的困境，投资风险放大，金融市场对节能环保产业预期下调，企业"融资难、融资贵"的困难日益明显。

问题之五：京津冀协同需要深化。京津冀地区环境保护压力巨大，尤其是河北作为钢铁重省，污染排放总量较大，节能环保产业下游应用环节多、市场潜力大，但受制于京津冀三地产业配套体系尚不完善，津冀承接北京市非首都功能疏解转移效果不明显，京津冀三地产业协同联动有待进一步提升。

11.4 促进北京市环保高新区发展的政策建议

综合环保高新区发展的动力机制及北京市当前节能环保及其产业园区的发展现状，提出以下政策建议：

首先，补充、完善创新发展链条。应立足产业生态理论，推动"技术—孵化器—加速器—特色产业园"环保创新创业发展体系全链条的补充、完善。具体举措包括以下几点：一是立足于创新源头，加强高校与科研院所与环保高新区企业的合作；二是提升创业孵化服务，加快对小微企业的技术扶持项目建设，鼓励技术转移中心、孵化器等加快科技成果产业化；三是完善科技咨询服务，助力加速中小环保科技企业的创新发展；四是完善相关政策支持与基础设施建设，助力特色高新科技园的形成。

其次，强化产业专利政策。加大对核心技术知识产权保护，组建知识产权保护联盟，强化创新文化软环境建设，营造尊重创造、注重开放、敢于冒险、宽容失败的创新创业文化，以鼓励创新科技的培育；同时，通过政策手段，鼓励并推进高新技术企业的知识产权培育，引导高新技术企业整合全球专利资源，培育核心专利产品，帮助企业把专利和技术从"一纸证明"变现为发展的资本，从而实现环保知识产权价值的最大化。

再次，加大环保企业资金支持。考虑到环保产业的融资困局，可通过向创新环保企业提供财政资金，或设立科技创新发展基金、引入实力基金管理公司进行资金支持等方式，支持以企业为主体的科技创新、科技成果转化应用和人才引进培养，拓宽环保产业融资渠道，进一步加大资金支持力度。

最后，积极引进与培育环保科技人才。通过"年度北京市人才引进专项计划"和"年度北京市海外高层次人才引进专项计划"等在人才政策方面的经验，及时优化、升级、加强现有环保科技人才政策，以充分引进环保产业科技人才。通过搭建人才交流平台、发放学术研修津贴、组织境外培训、学术论坛等，促进高层次人才知识和技能方面的提升。

11.5 本章小结

环保高新区作为城市产业功能的主要空间形态，在改善相关产业的区域投资环境、引进外资、促进产业结构调整和发展经济等方面能够发挥积极的辐射、示范和带头作用，是科技创新引领环境高质量发展的重要载体。环保高新区发展动力机制可分为具有市场自组织特点的内源性和具有制度政策孵化特点的外源性动力。内源性动力是一种自发的内在力量，具有市场自组织特征，对高新区演化具有直接、基础性的影响，表现为邻近性、外部经济性、知识利用等方面；外源性动力主要来源于外部环境和政府有意识的引导与管控，对高新区阶段演化起到间接的辅助作用，的确是长期的、重要的，具体反映在区位条件、政府行为、外部竞争、园区品牌和技术进步等方面上。进一步分析了北京市环保高新区发展成效及存在的问题，综合环保高新区发展的动力机制及北京市当前节能环保及其产业园区的发展现状，提出以下政策建议。

12 新兴绿色产业促进高质量发展研究

新兴绿色产业不仅能够培育和壮大以绿色技术为核心的产业，繁荣绿色消费市场，实现中国经济在技术应用、制造模式、商务服务上的新发展；而且通过技术扩散，带动传统产业优化升级，使我国的产业体系由要素密集型产业为主转向以技术和知识密集型产业为主，是产业持续健康发展的有力支撑，是推进经济高质量发展的有效路径。

12.1 新兴绿色产业内涵与特征

新兴绿色产业是指新兴产业中具有绿色特质的产业，是新兴和绿色的有机融合，指在满足社会有效需求的前提下，采用先进的生产技术，以较少的资源投入获得高产出并与环境形成良性循环的产业。从概念上把握，内涵有以下三点：

"新"——相对当前的经济发展阶段，这些产业的产品服务或组织形式是以前没有的。

"兴"——刚刚崭露头角，未来可能会高速增长、规模扩大，对经济发展有主导作用。

"绿色"——要求其产业以可持续发展为理念，以绿色资源开发和环境保护为基础，更多地采用节能环保技术、清洁生产技术等高新技术，能够促进环境效益、经济效益、社会效益的协调发展。

新兴绿色产业其内涵包含了具有正的外部性、长期可持续性、相对性、技术先进性、高度不确定性五个特征。

12.1.1 特征之一：正的外部性

由于新兴绿色产业是具有"绿色"特质的产业，因此其生产过程也是环境污染减排或防治过程，具有正的外部性。从国内国际的实践来看，具有较强的正外部性。传统高能耗产业的生产是以对自然资源的高开采、低利用和对污染的高排放为特征的；而新兴绿色产业是以对自然资源的低开采、高利用和对污染物的低排放为特征的，因而具有较强的社会外部收益。譬如，节能环保产业每投入 1元，可为全社会带来接近 5 元的社会外部收益。

12.1.2　特征之二：长期可持续性

从生产的最终产品和服务的角度看，新兴绿色产业与传统高能耗产业没有本质的区别。然而，从生产过程中人与环境的关系角度分析，新兴绿色产业是与环境和谐相处的，是环境、经济和社会效益的统一。传统高能耗产业在生产过程中消耗资源较大、污染较大，在生产过程中不利于环境的保护；而新兴绿色产业的内涵就在于保护环境、合理利用资源，生产的重要目的是创造更为美好的生态环境生活，突出环境效益和社会效益，能够通过节约能源和保护生态环境，为人们提供健康生活的优质环境，提高人类的生活质量。

12.1.3　特征之三：相对性

一方面，绿色产业具有相对性，在经历经济快速发展阶段之后，发达国家经济整体保持在绿色发展的水平上；但是，从公平的角度说，发达国家在发展过程中已经进行了长时期的高能耗发展。以英国和美国为例，人均 CO_2 历史排放量达到 1100 吨，因此，应理解绿色产业的相对性。

另一方面，新兴产业具有相对性。因为，新兴产业与传统产业是一个相对概念，今天的传统产业在历史某个时期也是新兴产业，应注意把握新兴产业发展的相对特征。

12.1.4　特征之四：技术先进性

技术进步是新兴绿色产业发展的源泉，科技创新是促进新兴绿色产业发展最重要的驱动力。新兴绿色产业是一种以科技创新为支撑与引领的现代产业，主要依靠技术进步，是知识密集型产业，产品体系呈现高技术含量的特点，注重合理开发资源、保护生态环境，支撑技术具有一定的先进性——这些内涵都体现了创新性的特点。

当前，我国经济发展阶段的变化和国际竞争的压力，都要求经济发展必须从依靠外延式扩大再生产转向依靠技术创新为主导的内涵式扩大再生产。因此，新兴绿色产业成为引领经济社会可持续发展的重要力量。

12.1.5 特征之五：高度不确定性

高度不确定性主要体现在以下四个方面：

——从产业的特点来看，新兴绿色产业所依托新兴技术仍处于研发、推广阶段，具有高度不确定性，尤其是关键技术掌握情况或获取面临的不确定性，以及技术方向选取的失误都会导致战略时序上的延误或导致失败，同时，支撑新兴绿色产业的技术往往是需要一个较完备的技术群，技术群的构成、群内技术的关系、成长的协调性都会带来不确定性，从而影响产业的未来成败。

——从市场的角度来看，由于新兴绿色产业处于产业的形成期，新产品从设计、生产、销售以及外在环境都具有高度不确定性，如果市场导入时机选择失误或市场成长缓慢、竞争力没有及时形成或减退削弱，都可能面临失败。

——从产业安全角度来看，新兴绿色产业代表了未来科技和生活方式的发展方向，各国所确定的战略性产业内容具有高度的相似性，这使得产业本身就是一个全球高度竞争的未来产业，发展具有高度的外在不确定性，无论是技术、品牌、市场等，都可能在国际竞争中招受控制，失去成长的机会。

——从政策层面来看，国家及各级地方政府都把发展新兴绿色产业放在重要的位置，并进行了一系列的规划部署，制定相关鼓励政策促进产业发展，由此也引致盲目发展、重复建设等一系列严重问题，这都会对产业的发展带来冲击，并带来不确定性。

12.2 新兴绿色产业的核心动力是创新

12.2.1 制度创新为新兴绿色产业发展提供新动力

创新是新兴绿色产业的核心动力。包括制度创新和技术创新。新兴绿色产业的培育和壮大有赖于制度引领和支撑——绿色财税金融制度、节能减排规划、价格导向的机理政策和工具、绿色投资与贸易政策、教育培训与就业政策、自然资本和生态服务管理制度，这些法律法规、政策条例可激发新兴绿色产业的潜力。我国为推动新兴绿色产业发展，相继出台了《"十三五"国家战略性新兴产业发展规划》《"十三五"节能环保产业发展规划》《工业绿色发展规划（2016～2020年）》等一系列规划政策，为新兴绿色产业的发展提供了新方向和新动力。

12.2.2 技术创新是新兴绿色产业培育的核心要义

技术创新是新兴绿色产业培育的核心要义。所谓新兴，其中最重要的特征是采用了新兴技术。以新能源汽车为例，它是传统汽车的升级换代，但不是简单地替代过去，而是技术的创新和跨越。其技术的先进性体现在以下四个创新和跨越上：

一是新能源汽车需要全新的电控单元的创新和跨越。用以控制发动机与电动机或其他动力系统的输出功率比例，设计与新能源汽车系统相适应的控制策略，以实现最佳的燃油经济性、最低的污染物排放量、最好的驱动性能和最低的系统成本这四大目标。

二是新能源汽车需要电池技术的创新和跨越。在电池技术方面，包含安全性、能量密度、功率密度、使用寿命、充电时间等很多需要攻关的技术指标。

三是新能源汽车需要关键技术的创新和跨越。由于新能源汽车能量或燃料加注方式发生了颠覆性变化，需要攻关诸多满足新型能源储运、站场布局、降低加注时间等关键技术。

四是新能源汽车需要诸多外围技术的创新和跨越，如材料提纯、新型材料开发、输配电技术等的持续创新。因此，新兴绿色产业需要庞大的、高精尖的科技系统作为有力支撑。

12.3 培育壮大新兴绿色产业的战略性分析

当前为什么要积极培育壮大新兴绿色产业？因为我国经济发展阶段出现了新的变化，正处在转变发展方式、优化经济结构、转换增长动力的攻关期。

一是要求我国的发展方式，由主要依靠增加物质资源消耗实现的粗放型高速增长，转变为依靠技术进步实现的高质量发展。

二是要求我国的产业体系，由要素密集型产业为主转向以技术和知识密集型产业为主的产业体系，提升产业整体竞争力。

三是要求建设环境友好、资源节约型经济，在经济发展过程中加强生态环境保护，有效利用自然资源，避免过度开发，从而实现绿色发展、可持续发展。

12.3.1 培育壮大新兴绿色产业有利于转变要素的投入方式

培育壮大新兴绿色产业有利于转变要素的投入方式。新兴绿色产业中的新能源产业、新能源汽车、节能环保产业有助于产业从要素驱动和投资驱动向创新驱动转变，提高由全要素生产率所代表的增长中的质量贡献，实现中国经济在新的技术应用、制造模式、商务服务上的新发展。

12.3.2　培育壮大新兴绿色产业有利于提升产业竞争力

培育壮大新兴绿色产业有利于提升我国的产业体系的竞争力。新兴绿色产业不仅能够培育和发展以绿色技术为核心的新兴绿色产业，繁荣绿色消费市场，而且具有很强的辐射作用，通过技术扩散带动传统高能耗产业优化升级，提升我国的产业体系的整体竞争力。

譬如，节能环保产业的清洁、节能及循环利用技术可以改造传统高能耗产业的生产方式，实现清洁生产、循环生产；再如，新能源产业中的新一代核能、太阳能、风电以及生物质能提高能源综合利用效率，改变能源消费结构；还如，新能源汽车具有广阔的市场空间，为传统汽车产业创造绿色内需。

12.3.3　培育壮大新兴绿色产业有利于可持续发展

新兴绿色产业致力于改善环境质量，低碳经济、生态经济、循环经济、清洁生产机制等新生产方式开始广泛运用，进一步提升了资源利用效率并大幅减少了主要污染物排放，环境质量有了显著改善。新兴绿色产业使能源结构将进一步优化，清洁能源和可再生能源比重将大幅上升，进一步减少了化石能源消耗对环境系统的负面影响。

新兴绿色产业以经济的生态化、循环化、低碳化为主要内容，强调经济发展的可持续性，强调人与自然的和谐共生，注重物质的循环再生利用，重视资源的合理利用和保护成为经济高质量发展的重要驱动力量。

12.4　培育壮大新兴绿色产业的政策建议

应从以下三个方面着力培育我国新兴绿色产业发展。

12.4.1　优化发展环境为新兴绿色产业发展提供增长点

新兴绿色产业具有新兴和绿色两个方面的特点，具有高风险、高投入、绿色、低碳、环保等方面的特点，具有显著的正外部性，因此政府应给予支持，并不断优化其发展环境。

一是新兴产业成长期往往需要大量的固定资产投资，政府投资是扩大增量和吸引外部投资的重要保证。

二是新兴绿色技术的发展方向多样，需要政府进行技术开发引导和制定出台新兴绿色产业技术标准。

三是在产业萌芽期、成长期及成熟期，都需要政府制定合理的产业政策和发展规划，以引导、规范、服务新兴绿色产业发展。

四是建立按照绿色经济要求建立健全绩效考核机制，从绿色经济的宣传推广、技术研发、企业影响力等方面对绿色经济的实施情况进行考核，对成绩突出的机构或企业从政策、税收上给予激励，从而使新兴绿色产业的市场环境得到不断优化。

12.4.2 突破关键核心技术为新兴绿色产业提供支撑点

当前，我国新兴绿色产业的关键性技术依然缺乏。譬如，在节能环保产业，在体现高端技术水平的风力发电总体设计和自动控制技术、太阳能薄膜电池的制备技术、脱氮脱硝处理设备、机动车污染控制及危险固体废弃处理装备等关键设备上还缺乏原创新技术。

因此，为发展新兴绿色产业，应依靠自主研发获得关键核心技术，大力增强原始创新的能力，不断提升新兴绿色产业的自主研发能力。

首先，应积极推进绿色技术研发。逐步形成绿色技术体系，尤其是资源再利用技术、污染治理技术、清洁生产技术、生态恢复技术、新能源技术等领域要加强研发力度和自主创新，积极推动新兴绿色产品向全球技术链高端延伸。

其次，要进一步增强产学研的联动。支持企业与高等院校、科研机构、产业园联合设立研发机构和试验平台，在基础研究、理论创新、技术创新、信息网络、资源共享等方面展开合作，以此保障新兴绿色企业有足够的研发动力和创新热情，这不仅增强了绿色技术研发实力，而且提高了绿色产品的孵化及产出效率，有利于实现优势互补、利益共享和风险共担。

再次，要加大技术成果的转化力度。调研发现，绿色技术存在应用障碍的重要原因是技术标准和设备类型不同。因此，要大力推动一批绿色技术创新成果的示范和推广，可通过设立新兴绿色产业示范园区，为行业共性技术提供价值评估、技术交易和成果应用等服务，通过示范效应将自主创新成果更好地推广到新兴绿色企业的生产过程中。

最后，培育和壮大新兴绿色产业人才队伍。智力资本支撑是提升新兴绿色产业技术创新能力的重要保障。新兴绿色产业人才的培养应着眼于新兴绿色产业发展的重点领域，着重加强新能源、新能源汽车、节能环保等领域的人才队伍建设，形成专业全面、基础扎实、梯度适当的人才储备；同时，应围绕与新兴绿色产业发展相关的技术研发和示范推广，通过设立新兴绿色产业技术创新研发中心、重点实验室、科技产业园区等人才集聚载体，打造人才集聚的高地。

12.4.3 培育具有国际影响力的领先企业为新兴产业发展提供发力点

开展新兴绿色产业集群园区和示范区建设，引导企业、资金、人才、项目向新兴绿色产业园区集聚；并加强国际合作，带动一批新兴绿色企业以及配套和协作企业的快速发展，着力打造一批具有国际影响力的领先企业，并以领军企业为主体打造特色鲜明的新兴绿色产业集群，形成若干国际知名的新兴绿色产业发展高地。

12.5 本章小结

培育和壮大新兴绿色产业是推进高质量发展的有效路径。新兴绿色产业是指新兴产业中具有绿色特质的产业，是新兴和绿色的有机融合，指在满足社会有效需求的前提下，采用先进的生产技术，以较少的资源投入，获得高产出并与环境形成良性循环的产业。从概念上把握，"新"——相对当前的经济发展阶段，这些产业的产品服务或组织形式是以前没有的；"兴"——刚刚崭露头角，未来可能会高速增长、规模扩大，对经济发展有主导作用；绿色——要求其产业以可持续发展为理念，以绿色资源开发和环境保护为基础，更多地采用节能环保技术、清洁生产技术等高新技术，能够促进环境效益、经济效益、社会效益的协调发展。新兴绿色产业其内涵包含了具有正的外部性、长期可持续性、相对性、技术先进性、高度不确定性五个特征。培育壮大新兴绿色产业有利于转变要素的投入方式，培育壮大新兴绿色产业有利于提升产业体系竞争力，培育壮大新兴绿色产业有利于绿色发展、可持续发展。本书从三个方面着力，培育我国新兴绿色产业发展——优化发展环境，为新兴绿色产业发展提供增长点；突破关键核心技术，为新兴绿色产业提供支撑点；培育具有国际影响力的领先企业，为新兴产业发展提供发力点。

13 环境与健康协同促进高质量
发展研究

在高质量发展中，除了经济高质量发展、社会高质量发展、环境高质量发展三个维度外，还应考虑各个维度的协同关系。健康作为社会高质量发展的重要内容，在高质量发展中愈显重要。本章研究环境规制对环境质量的影响，进而量化评价环境规制政策对环境与健康产生的协同效应，主要贡献是通过环境污染的中介作用将环境规制与公共健康结合起来，定量评估了"规制政策—环境质量—公共健康"的三维动态关系。在研究内容上，以往文献大多探讨环境污染对健康的影响或环境规制对污染物减排的影响，本章则以环境质量为"桥梁"，系统和全面地评估了环境规制通过改善环境质量对公共健康水平产生的协同效应；在研究方法上，首先采用异质性面板数据格兰杰因果关系模型证实了环境规制对健康成本、环境规制对环境污染存在格兰杰因果效应；进而采用中介效应模型，对"环境规制→环境质量→健康水平"这一作用机制进行了系统全面的检验，量化了环境规制可以通过改善环境质量进而产生健康协同效应。

13.1 环境规制、环境质量与健康水平的文献综述

13.1.1 环境污染对健康的影响

众多学者对环境污染与健康的关系展开了深入而细致的分析和讨论。从现有文献来看，大多数文献选择死亡率及其相关指标作为健康的代理指标，亦有部分文献采用人均寿命或医疗支出作为健康的代理指标。Chay 和 Greenstone 研究发现，总悬浮颗粒物的减少可显著地降低婴儿死亡率。陈硕和陈婷研究显示二氧化硫排放每增加 100 万吨，万人中死于呼吸系统疾病及肺癌的人数分别增加 0.5 人和 0.3 人。Beatty 和 Shimshack 研究发现，一氧化碳和地面臭氧的增加与儿童同期呼吸治疗显著增加有关；同时，前一年的一氧化碳暴露对儿童的健康产生了影

响，超出了同期的暴露所造成的影响。Arceo 等以墨西哥的样本数据研究显示，大气污染会显著增加婴儿死亡率，同时，不同的大气污染物所导致的婴儿死亡率存在一定的差异。Chen 等以欧洲 8 个国家的城区数据研究显示，大气污染总体上会导致心血管疾病死亡率的增加，当温度较高时，大气污染能够显著地导致心血管疾病死亡率的增加，而温度较低时，则影响不显著，但当大气污染水平较高时，不论温度的高低，大气污染均能够显著地导致心血管疾病死亡率的增加。Kim 等（2019）研究发现，PM 2.5 和 SO_2 均会增加死亡率和相应疾病的死亡率，PM 10 对死亡率的短期影响持续不仅仅几周而是超过 1 个月，并且会因地区经济发展不同而影响不同。类似的研究文献还包括 Hanlon、Schlenker 和 Walker、Berazneva 和 Byker、Liu 等、He 等、Yang 等和 Yin 等。

以期望寿命作为健康的代理指标的文献如 Chen 等、Ebenstein 等以中国供暖政策所形成的独特的淮河取暖分界线，作为断点研究发现空气污染将会导致人均寿命的缩短。Ebenstein 等以中国样本研究显示，总悬浮颗粒物和 PM 10 排放的增加会增加心肺疾病的死亡率，同时 PM 10 也会对期望寿命有负向冲击。

专注于与环境污染对医疗支出方面的文献，如 Yang 和 Zhang 基于中国城市住户调查（UHS）数据库，并估算了空气污染暴露对家庭医疗保健支出的影响。他们的研究结果表明：每年接触细颗粒物（PM 2.5）增加 1% 相当于家庭医疗保健支出增加 2.942%，同时他们还进一步估算了"十三五"计划的 PM 2.5 减排目标实现对医疗卫生支出的影响。

13.1.2 环境规制对环境污染的影响

环境规制是否对环境污染产生积极的抑制效果是近年来环境经济学研究的热点问题，大量的研究结果显示，环境规制能够改善环境质量，但也有研究显示效果甚微。Greenstone 研究了美国 1970 年颁布的《清洁法案》对 SO_2 的减排效果。研究结果显示，环境规制政策并未对 SO_2 起到显著的减排效果，并且一系列的稳健性分析均支持该研究结论。而 Auffhammer 等则发现美国 1990 年颁布的《清洁空气法修正案》显著降低了监测点 PM 10 的浓度。同样地，Greenstone 和 Hanna 则以印度为研究样本发现，环境规制政策能够显著改善大气质量，这与 Greenstone 的研究结论正好相反，当然这可能是不同的样本导致的结论上的差异。此外，Gehrsitz 研究发现，德国的低排放区政策能够显著降低细颗粒物的浓度，但对婴儿健康的影响甚微。

针对中国的研究文献同样也表明环境规制并不一定能够带来环境质量的改善。Zheng 等研究了中国的节能减排政策的环境影响，研究结果显示，节能减排政策能够有效地改善环境质量。Li 等研究发现，环境监管给北京空气质量带来了短期的、实质性的改善。Yao 等研究显示，上海的烟花燃放管制政策能够有效降低 PM 2.5 的排放浓度。Wang 等以中国"三河三湖"流域水污染控制的环境规制为研究背景，利用 1998～2007 年 8 个主要 COD（化学需氧量）排放行业的企业数据研究发现，环境规制并未使得幸存企业的 COD 排放减少。Wang 等研究了新的大气环境质量标准对大气环境质量的影响，研究显示，无论是短期还是长期，新标准都没有降低试点城市的 PM 2.5 浓度和二氧化硫排放量。

13.1.3 环境规制对健康的影响

直接研究环境规制对健康的影响的文献相对较少。Greenstone 和 Hanna 研究显示，虽然环境规制显著地改善了大气环境质量，但并未显著降低婴儿死亡率。Shih 和 Tseng、Diaz – Mendez 等的研究显示，温室气体减排政策会产生健康协同效应。Do 等以印度为研究样本显示，环境政策能够显著降低婴幼儿死亡率。Jones 研究了 2009 年洛杉矶 LED 路灯效率计划所产生的健康正外部性。Cesur 等则研究了土耳其的天然气作为空间供暖和烹饪技术的广泛替代所带来的健康影响，研究结果显示，天然气对煤炭的替代使得成年人死亡率和老年人死亡率都有显著下降。Cesur 等的另一篇文章也得到类似的研究结论。针对中国的研究文献十分少见，在仅有的几篇文献中，Tanaka 研究了中国 1998 年的控制二氧化硫的所谓的"两控区"环境规制政策对婴儿死亡率的影响，研究结果显示，环境规制政策使得处理组城市的婴儿死亡率显著降低。

上述大部分研究文献均有涉及环境规制、环境质量以及公共健康三个方面的内容，但遗憾的是，几乎没有文献对"环境规制→环境质量→健康水平"这一作用机制做详细的定量检验与论证。因此，本章拟在上述研究文献的基础上基于中国的样本数据对"环境规制→环境质量→健康水平"做详细的定量检验与论证。

13.2　实证模型设计

本部分将采用 1998～2017 年中国 30 个省市地区的样本数据进行实证分析。对于"环境规制→环境质量→健康水平"这一作用机制，分别选择废气治理投资、废水治理投资以及总的环境治理投资来表示环境规制，以 PM 2.5 排放和废水排放来表示环境质量（环境污染）①，社会健康成本来表示健康水平。具体指

---

① 我们并未考虑"固废"这一环境污染指标，虽然"固废"也是环境治理的重点，但相比较而言，水污染，特别是大气污染是大范围影响健康水平的主要污染源。

标的处理、来源将在后文做详细解释。

13.2.1 环境污染中介效应检验模型

大多数研究文献以及流行病理学理论研究显示，环境污染会对健康产生负向影响。也就是说，环境质量越好，健康水平越高。显然，推动环境质量的不断改善，是提升健康协同效应的有效手段。其中，实行环境规制政策是提高环境质量的重要政策手段。从这个逻辑来看，如果环境规制能够起到推动环境质量改善的作用，那么，环境质量的可以进一步产生正向的健康效应。因此，本章构建规范的中介效应模型来检验这个逻辑。中介效应模型可以分析自变量对因变量影响的过程和作用机制，其最流行的检验方法是 Baron 和 Kenny（1986）提出的逐步检验法。其基本思想为，考虑自变量 X 对因变量 Y 的影响，如果 X 通过影响变量 Z 而对 Y 产生影响，则称 Z 为中介变量。具体可以采用如下方程表示这一作用机制：

$$Y = cX + \varepsilon_1 \qquad\qquad (13-1)$$

$$Z = aX + \varepsilon_2 \qquad\qquad (13-2)$$

$$Y = c'X + bZ + \varepsilon_3 \qquad\qquad (13-3)$$

参考邵帅等（2019），温忠麟和叶宝娟（2014），Fritz 等（2012），中介效应的具体检验步骤为（见图 13-1）：首先，检验方程（13-1）中的系数 c，不论是否显著，都进行下一步检验，其中 c 表示自变量 X 对 Y 的总效应。其次，检验方程（13-2）中系数 a 和方程（13-3）中的系数 b，如果两个都显著，则中介效应存在，如果至少有一个系数不显著，则用 bootstrap 方法检验 $ab = 0$，如果显著，则中介效应显著，否则中介效应不显著，终止分析。其中，a 表示自变量 X 对中介变量 Z 的效应，b 为在控制了自变量 X 的影响后，中介变量 Z 对因变量的影响。最后，检验方程（13-3）中 c' 是否显著，如果显著，说明存在显著的直接效应，也称部分中介效应，如果不显著，说明只存在中介效应。

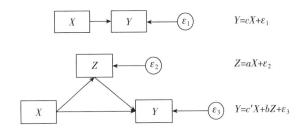

图 13-1 中介效应模型检验示意图

值得注意的是，中介效应模型检验关注的重点是在方程（13 - 1）中系数 c 显著的前提下，比较它和方程（13 - 3）中系数 c' 的变化情况。只要观测到方程（13 - 3）中系数 c' 变得不显著或者是显著变小，则说明中介效应是存在的。此外，如果方程（13 - 1）中的系数 c 不显著，那么整个问题的研究可能会演变为另一个问题的研究（温忠麟和叶宝娟，2014）。因此，本章遵循 Baron 和 Kenny（1986）的设定，检验中介效应需要以（13 - 1）中的系数 c 显著为前提。

参考杨继生等（2013），Yang 和 Zhang（2018），本章将社会健康成本（*health*）当作为被解释变量 Y，即健康水平代理指标，环境污染（*env*）当作为待检验的中介变量 Z，将环境规制（*regulation*）视为解释变量 X，构建中介效应模型。模式设定如下：

$$health_{it} = \mu_i + \delta regulation_{it} + \varepsilon_{1t} \qquad (13 - 4)$$

$$env_{it} = \tau_i + \gamma regulation_{it} + \varepsilon_{2t} \qquad (13 - 5)$$

$$health_{it} = \eta_i + \delta' regulation_{it} + \theta env_{it} + \varepsilon_{3t} \qquad (13 - 6)$$

方程（13 - 4）至方程（13 - 6）分别对应方程（13 - 1）至方程（13 - 3），其中，i 表示省份，t 表示年份。*health* 表示社会健康成本，本章关注的焦点是环境污染产生的社会健康成本问题，因此，社会健康水平的测度只考虑居民需要就诊和治疗的疾病，并以医疗支出来度量，并不涉及由于医疗技术进步和医疗资源增加等原因而导致的治愈率提高及寿命延长（杨继生等，2013）。具体来说，采用城镇居民的医疗保健支出来衡量社会健康成本，以变量 *healpay* 表示，并采用居民消费价格指数调整为 2000 年不变价，在实证分析中对该变量取了对数，对数后用 *lhealpay* 表示。*env* 表示环境污染，分别采用 PM 2.5 和人均废水的排放作为环境污染的代理变量。人们在日常生活中，无时无刻不在呼吸着空气，因此，大气污染最容易引起致病性，其中 PM 2.5 已成为全球死亡风险因素当中最主要的影响因素之一（Cohen 等，2017）；水是生命之源，人们每天都需要摄入一定量的水以维持身体机能的平衡，因此，水污染也会对健康产生负向影响。在实证分析中分别用变量 *pm25mean* 和 *pwater* 表示 PM 2.5 和人均废水的排放，其对数形式记为 *lpm25* 和 *lpwater*。

对于环境规制变量（*regulation*），考虑数据的可得性，国内外文献主要采用以下方法测度：一是环境规制政策法规的颁布数量；二是治污投资占企业成本或产值比重；三是治污费用；四是规制机构的人数或督查次数等（Lanoie 等，2008；Levinson，1996；Liao 和 Shi，2018；Shen 等，2019；童健等，2016；伍格致和游达明，2019）。由于中国各省存在显著异质性，采用绝对量指标并不合理；因此，本章采用相对量指标测度环境规制。具体来说，采用工业污染治理投资占工业企业主营业务收入比重或工业污染治理投资占工业企业主营业务成本比重作为环境规制的度量指标。在实证分析中，我们分别用工业污染治理中的废气治理、废水治理以及工业污染治理与工业主营业务成本和工业主营业务收入的比值来表示环境规制指标，分别对应变量 *sogovcost*、*sogovinc*、*watergovcost*、*watergovinc*、*pollgovcost* 和 *pollgovinc*。μ_i、τ_i、η_i 分别表示个体固定效应。δ、β_i、γ、δ'、θ、ϕ_i 为模型待估计参数。ε_{1t}、ε_{2t}、ε_{3t} 表示随机扰动项。

13.2.2 单位根检验与格兰杰因果关系检验

本章数据跨度为 1998～2017 年，为避免出现伪回归现象导致错误的研究结论，在对估计方程（13-4）至方程（13-6）之前，先对所有将使用到的变量进行单位根检验，如果不存在单位根，则进行格兰杰因果检验，如果存在单位根，则需要进一步检验是否存在协整关系。在存在协整关系的前提下，可再进行格兰杰因果关系检验。当运用格兰杰因果检验证明方程（13-4）至方程（13-6）中的变量间存在格兰杰因果关系后，再对方程（13-4）至方程（13-6）进行估计并判断是否存在中介效应。需要说明的是，格兰杰因果关系检验不是真正意义上的因果关系，它描述的是经济变量的动态相关性。也就是说，如果方程（13-4）至方程（13-6）所描述的因果关系成立需要有显著的格兰杰因果关系存在。

由于本章样本时间维度较短，应采用适用于 T 固定，且 N 较大的单位根检验方法进行单位根检验，Harris 和 Tzavalis（1999）提出的单位根检验方法（HT）适用于本章样本特征，因此采用 HT 方法对样本数据的平稳性进行检验，HT 方法的单位根检验式为：

$$z = \frac{\hat{\rho} - \mu}{\sqrt{\sigma/n}} \xrightarrow{d} N(0, 1) \tag{13-7}$$

具体参数解释与理论推导可以参考 Harris 和 Tzavalis（1999），具体细节不在这里过多讨论。此外，为了确保结果的稳健性，后文还采用了 Im 等（2003）提出的单位根检验方法（IPS）对样本数据进行了单位根检验。

对于格兰杰因果检验，可以参考 Dumitrescu 和 Hurlin（2012）和 Lopez 和 Weber（2017），假定 x 和 y 为两个包含个体单元为 N，时间为 T 的平稳面板数据序列，一个典型的面板数据因果关系检验的模型设定如下：

$$y_{it} = \mu_i + \sum_{k=1}^{K} \beta_k y_{i,t-k} + \sum_{k=1}^{K} \gamma_k x_{i,t-k} + \varepsilon_{it} \tag{13-8}$$

检验 x 是否对 y 存在格兰杰因果效应可以通过检验如下原假设来判定：

$$H_0: \gamma_1 = \gamma_2 = \cdots = \gamma_K = 0, \ \forall i = 1, \cdots, N \tag{13-9}$$

式（13-8）本质上是一个动态面板数据模型，因此，式（13-9）可以通过检验动态面板数据模型参数的联合显著性检验来获取检验结果。Dumitrescu 和 Hurlin（2012）在式（13－8）中考虑了异质性影响，其模型设定如下：

$$y_{it} = \mu_i + \sum_{k=1}^{K} \beta_{ik} y_{i,t-k} + \sum_{k=1}^{K} \gamma_{ik} x_{i,t-k} + \varepsilon_{it} \tag{13－10}$$

其中，K 为滞后阶数，面板数据必须为平衡面板数据。由此，检验 x 是否对 y 存在格兰杰因果效应可以通过检验如下原假设来判定：

$$H_0: \gamma_{i1} = \gamma_{i2} = \cdots = \gamma_{iK} = 0, \quad \forall i = 1, \cdots, N \tag{13－11}$$

如果不能拒绝上述原假设，则说明不存在 x 到 y 格兰杰因果效应，反之则至少一个截面单元存在 x 到 y 格兰杰因果效应。Dumitrescu 和 Hurlin（2012）在检验方程（13－11）构造了一个均值 wald 统计量 $\overline{W}$，该统计量通过分别检验每个截面的 wald 统计量 W 的均值来构造。$\overline{W}$ 的构造如下：

$$\overline{W} = \frac{1}{N} \sum W_i \tag{13－12}$$

Dumitrescu 和 *Hurlin*（2012）的蒙特卡罗模拟结果显示，$\overline{W}$ 统计量可以作为检验面板数据的格兰杰因果关系检验的检验统计量。当 $T \to \infty$，然后 $N \to \infty$ 时，$\overline{W}$ 统计量通过变换后可以转为一个标准统计量 $\overline{Z}$，$\overline{Z}$ 服从正态分布：

$$\overline{Z} = \sqrt{\frac{N}{2K}} \cdot (\overline{W} - K) \xrightarrow[T, N \to \infty]{d} N(0, 1) \tag{13－13}$$

当 $T > 5 + 3K$ 时，统计量 $\tilde{Z}$ 也服从正态分布：

$$\tilde{Z} \sqrt{\frac{N}{2K} \cdot \frac{T-3K-5}{T-2K-3}} \left[\frac{T-3K-3}{T-3K-1} \cdot \overline{W} - K \right] \xrightarrow[N \to \infty]{d} N(0, 1) \tag{13－14}$$

Dumitrescu 和 Hurlin（2012）的模拟结果指出，$\overline{Z}$ 和 $\tilde{Z}$ 两个检验统计量具有非常良好的有限样本性质，因此该面板格兰杰因果关系检验方法适用于本书。此外，由于格兰杰因果关系检验需要满足序列平稳性假定，因此，在格兰杰因果关系检验之前，需要进行单位根检验。假定所有面板数据均平稳，则本章检验的环境规制对社会健康成本的格兰杰因果效应、环境规制对环境污染的格兰杰因果效应、环境污染对社会健康成本的格兰杰因果效应以及控制环境污染（环境规制）后环境规制（环境污染）对社会健康成本的格兰杰因果效应的检验模型设定如下：

$$health_{it} = \mu_i + \sum_{k=1}^{K} \beta_{ik} health_{i,t-k} + \sum_{k=1}^{K} \gamma_{ik} regulation_{i,t-k} + \varepsilon_{it} \tag{13－15}$$

$$env_{it} = \mu'_i + \sum_{k=1}^{K'} \beta'_{ik} env_{i,t-k} + \sum_{k=1}^{K'} \gamma'_{ik} regulation_{i,t-k} + \varepsilon'_{it} \tag{13－16}$$

$$health_{it} = \mu''_i + \sum_{k=1}^{K''} \beta''_{ik} health_{i,t-k} + \sum_{k=1}^{K''} \gamma''_{ik} env_{i,t-k} + \varepsilon''_{it} \tag{13－17}$$

$$health_{it} = \mu'''_{i} + \sum_{k=1}^{K'''} \beta'''_{ik}health_{i,t-k} + \sum_{k=1}^{K'''} \gamma'''_{ik}regulation_{i,t-k} + \sum_{k=1}^{K'''} \gamma'''_{ik}env_{i,t-k} + \varepsilon'''_{it}$$

$$(13-18)$$

13.2.3 数据说明

考虑数据的可得性和统计口径一致性，本章采用的研究样本数据为1998～2017年中国30个省市的面板数据，并未包括港、澳、台地区，西藏由于数据缺失较多也未包括在研究样本范围内。数据主要来源于《中国统计年鉴》和《中国环境统计年鉴》；其中需要价格调整的指标均以2000年为基期进行了价格调整。在具体的实证分析中，对非百分比和非比例指标进行了自然对数处理，以降低样本的离散程度和存在异方差的可能性。此外，采用的环境污染指标之一为PM 2.5排放数据，由于中国的PM 2.5排放直到2013年后才有监测数据，因此，我们采用哥伦比亚大学社会经济数据和应用中心公布的基于卫星监测的全球PM 2.5浓度年均值的栅格数据，并利用ArcGIS软件将其解析为1998～2017年中国省域年均PM 2.5浓度的具体数值。尽管卫星数据监测过程会受到气象因素的影响，使其准确程度可能略低于地面实际监测数据，但由于PM 2.5浓度在同一座城市也会存在空间分布上的差异，因此地面监测数据只能基于点源数据对某个地区的PM 2.5浓度提供以点代面的粗略反映，而难以对该地区整体PM 2.5浓度予以准确度量。相反，卫星监测数据属于面源数据，能够全貌性地对一个地区的PM 2.5浓度及其变化趋势予以更为准确地反映，因而能够作为一个很好的PM 2.5度量指标。各变量的描述性统计结果如表13-1所示。

表13-1 变量的描述性统计

变量	定义	单位	均值	标准差	最小值	最大值
healpay	社会健康成本	元/人	652.04	343.21	108.22	2253.14
pm25mean	PM 2.5	μg/m³	43.36	54.94	5.32	316.92
water	废水	10⁴ton	187084	154937	1079	938261
pollgovcost	污染物/主营业务成本	%	0.225	0.194	0.008	1.28
watergovcost	废水治理/主营业务成本	%	0.075	0.09	0	0.81
sogovcost	废气治理/主营业务成本	%	0.112	0.109	0.001	0.739
pollgovinc	污染物/主营业务收入	%	0.18	0.154	0.007	1.08
watergovinc	废水治理/主营业务收入	%	0.06	0.072	0	0.683
sogovinc	废气治理/主营业务收入	%	0.09	0.088	0.001	0.626

13.2.4 实证结果分析

——单位根检验结果。格兰杰因果关系检验需要以平稳数据为分析前提，因此，首先对所有涉及的变量进行单位根检验，检验结果如表 13-2 所示。表 13-2 的检验结果显示，HT 单位根检验和 IPS 单位根检验结果中，是否加入趋势基本都不影响检验结果，所有变量均不存在单位根，即本书所涉及的变量均为平稳序列，因此，任意变量组合进行格兰杰因果关系检验均满足检验要求。

表 13-2 单位根检验结果

变量	HT test		IPS test	
	无趋势	有趋势	无趋势	有趋势
lhealpay	2.832	-3.400***	-7.369***	-10.863***
sogovcost	-20.554***	-13.368***	-8.382***	-8.044***
watergovcost	-11.041***	-13.193***	-7.775***	-10.659***
pollgovcost	-13.851***	-13.824***	-8.480***	-9.688***
watergovinc	-10.966***	-13.077***	-9.005***	-9.506***
sogovinc	-21.045***	-13.416***	-8.953***	-8.554***
pollgovinc	-14.410***	-13.824***	-8.277***	-8.113***
lpm25	-7.081***	-26.411***	-6.160***	-3.571***
lpwater	-19.221***	-14.698***	-12.349***	-21.461***

注：表中数值为检验统计量值。***表示1%的显著性水平。

——格兰杰因果效应检验结果。表 13-3 和表 13-4 分别为两变量的格兰杰因果关系检验结果和三变量的格兰杰因果关系检验结果。表 13-3 中 2~7 列依次检验的是环境规制对社会健康成本的格兰杰因果效应、环境规制对环境污染的格兰杰因果效应、环境污染对社会健康成本的格兰杰因果效应，是依据方程（13-15）至方程（13-17）的检验结果。表 13-3 中上半部分为 PM 2.5 作为环境污染的代理指标的检验结果，下半部分为人均污水排放作为环境污染的代理指标的检验结果。

表 13-3 两变量格兰杰因果检验结果

	regulation→lhealpay		regulation→env		env→lhealpay	
	$\bar{Z}$	$\tilde{Z}$	$\bar{Z}$	$\tilde{Z}$	$\bar{Z}$	$\tilde{Z}$
env = lpm25					3.845***	2.576***
p-values					0.000	0.010
regulation = sogovcost	5.723***	1.082	3.061**	1.963**		

续表

	regulation→lhealpay		regulation→env		env→lhealpay	
	$\bar{Z}$	$\tilde{Z}$	$\bar{Z}$	$\tilde{Z}$	$\bar{Z}$	$\tilde{Z}$
p – values	0.000	0.279	0.002	0.049		
regulation = sogovinc	6.038 ***	1.212	2.934 ***	1.863 *		
p – values	0.000	0.226	0.003	0.063		
regulation = pollgovcost	3.766 ***	1.950 *	2.428 **	1.467		
p – values	0.000	0.051	0.015	0.142		
regulation = pollgovinc	3.997 ***	2.113 **	2.332 **	1.392		
p – values	0.000	0.035	0.020	0.164		
env = lpwater					5.972 ***	1.185
p – values					0.000	0.236
regulation = watergovcost	1.324	− 0.732	61.544 ***	24.103 ***		
p – values	0.185	0.464	0.000	0.000		
regulation = watergovinc	1.289	− 0.746	58.910 ***	23.016 ***		
p – values	0.197	0.455	0.000	0.000		
regulation = pollgovcost	3.766 ***	1.950 *	35.268 ***	13.267 ***		
p – values	0.000	0.051	0.000	0.000		
regulation = pollgovinc	3.997 ***	2.113 **	34.799 ***	13.073 ***		
p – values	0.000	0.035	0.000	0.000		

注：***、**和*分别表示1%、5%和10%的显著性水平。

表13－4　三变量的因果检验结果

	regulation→lhealpay ｜ env		env→lhealpay ｜ regulation	
	$\bar{Z}$	$\tilde{Z}$	$\bar{Z}$	$\tilde{Z}$
env = lpm25				
regulation = sogovcost	1.475	0.721	3.195 ***	1.549
p – values	0.140	0.471	0.001	0.121
regulation = sogovinc	1.361	0.633	3.136 ***	1.507
p – values	0.173	0.527	0.002	0.132
regulation = pollgovcost	1.440	0.694	1.709 *	0.502
p – values	0.150	0.487	0.087	0.616
regulation = pollgovinc	1.249	0.545	1.658 *	0.466
p – values	0.212	0.586	0.097	0.641

续表

	regulation→lhealpay ｜ env		env→lhealpay ｜ regulation	
	$\bar{Z}$	$\tilde{Z}$	$\bar{Z}$	$\tilde{Z}$
env = lpwater				
regulation = watergovcost	2.558**	1.569	2.575***	-0.216
p – values	0.010	0.117	0.010	0.829
regulation = watergovinc	2.520**	1.539	2.536**	-0.232
p – values	0.012	0.124	0.011	0.817
regulation = pollgovcost	1.796*	0.206	2.485**	-0.253
p – values	0.073	0.331	0.013	0.800
regulation = pollgovinc	1.983**	1.119	2.714***	-0.159
p – values	0.047	0.263	0.007	0.874

注：*** 、** 和 * 分别表示1%、5%和10%的显著性水平。

表13 – 3 上半部分的2~3列结果显示，环境规制对社会健康成本的因果效应存在，且对于所选择的环境规制指标均存在。另外，4~5列的结果显示，环境规制对环境污染的因果效应存在，且同样对于所选择的环境规制指标均存在。此外，以 PM 2.5 作为环境污染的代理指标的检验结果显示其对社会健康成本的因果效应显著。表13 – 3 下半部分2~3列结果显示，以废水治理衡量的环境规制对社会健康成本存在一定因果效应（$\bar{Z}$ 统计量对应的 p 值较小，存在因果效应的概率为 1 – p）。然后，4~5列的结果显示，环境规制对环境污染的因果效应存在。此外，以人均废水作为环境污染的代理指标的检验结果显示其对社会健康成本存在因果效应。

表13 – 4 中的结果依次检验的是在控制环境污染的情况下环境规制对社会健康成本的格兰杰因果效应和在控制环境规制的情况下环境污染对社会健康成本的格兰杰因果效应，是依据方程（13 – 18）的设定进行检验的结果。需要说明的是，由于 Dumitrescu 和 Hurlin（2012）并未对三变量情况的面板格兰杰因果检验提出检验方法，因此，本文依据 Frisch – Waugh – Lovell 定理将三变量的面板格兰杰因果检验转化为两变量的面板格兰杰因果检验。具体地，我们利用社会健康成本对环境污染回归后的残差和环境规制对环境污染回归后的残差来检验在控制环境污染后环境规制对社会健康成本是否存在格兰杰因果效应，同理，也可依据相同思路检验在控制环境规制后环境污染对社会健康成本是否存在格兰杰因果效应进行检验。

表13 – 4 中上半部分是以 PM 2.5 作为环境污染的代表指标的检验结果，下半

部分是以人均废水排放作为环境污染的代理指标的检验结果。表13-4上半部分检验结果显示，在控制了环境污染后，环境规制对社会健康成本存在一定的因果效应（$\bar{Z}$统计量对应的p值较小），而控制环境规制后，环境污染对社会健康成本存在显著的因果效应。这说明在控制PM 2.5后，废气治理衡量的环境规制对社会健康成本的解释力有限，而在控制废气治理衡量的环境规制后，PM 2.5对社会健康成本仍然存在解释能力，即废气治理通过影响PM 2.5从而影响社会健康成本。表13-4的下半部分结果显示，与上半部分结果类似，但在控制废水排放后，废水治理衡量的规制仍然对社会健康成本仍然存在解释能力，即废水治理除通过影响废水排放从而影响社会健康成本外，还可以通过其他渠道影响社会健康成本。当控制环境规制后，废水对社会健康成本仍然存在解释能力。

13.2.5　中介效应检验结果分析

上一小节已经证明变量之间存在格兰杰因果关系，本小节将进一步结合中介效应模型对环境污染是否存在中介效应进行识别，即环境规制是否通过减少污染物排放提高了公众健康水平。表13-5至表13-7为中介效应模型（13-4）至模型（13-6）的参数估计结果。表13-5的结果为环境规制对社会健康成本的影响，表13-5中2~7列的结果显示，多种环境规制衡量指标，包括废气治理、废水治理以及总的污染治理三个指标，均对社会健康成本有显著的负向影响，即环境规制能够产生健康协同效应，这也与格兰杰因果关系检验的结果相符。表13-5中8~9列中分别检验了废气治理和污水治理两种环境规制的健康协同效应。表中结果显示，相比于废气治理衡量的环境规制，废水治理衡量的环境规制的健康协同效应更加显著，废气治理衡量的环境规制的估计系数仍然为负，但已经统计不显著。同时，估计系数显示，在控制了废气治理衡量的环境规制后，废水治理衡量的环境规制的估计系数（-2.575和-3.278）相比于6~7列的估计结果的系数（-2.613和-3.314）绝对值有所下降，说明一部分健康协同效应由废气治理的环境规制所吸收。

表13-5　环境规制对社会健康成本的影响估计结果

变量	(1)	(2)	(3)	(4)	(5)	(6)	(7)	(8)
	lhealpay	lhealpay	lhealpay	lhealpay	lhealpay	lhealpay	lhealpay	lhealpay
sogovcost	-0.821**						-0.128	
	(0.317)						(0.185)	

续表

变量	（1）	（2）	（3）	（4）	（5）	（6）	（7）	（8）
	lhealpay	lhealpay	lhealpay	lhealpay	lhealpay	lhealpay	lhealpay	lhealpay
sogovinc		−0.940**						−0.127
		(0.399)						(0.227)
pollgovcost			−1.201***					
			(0.180)					
pollgovinc				−1.493***				
				(0.247)				
watergovcost					−2.613***		−2.575***	
					(0.550)		(0.525)	
watergovinc						−3.314***		−3.278***
						(0.784)		(0.756)
Constant	6.284***	6.277***	6.462***	6.461***	6.389***	6.392***	6.401***	6.401***
	(0.0355)	(0.0360)	(0.0405)	(0.0446)	(0.0415)	(0.0473)	(0.0502)	(0.0557)
FE	YES	YES	YES	YES	YES	YES	YES	YES
N	600	600	600	600	600	600	600	600
F	6.716	5.549	44.41	36.42	22.56	17.86	12.47	9.80
R^2	0.0299	0.0254	0.213	0.207	0.275	0.276	0.276	0.277
adjR^2	0.0283	0.0238	0.212	0.205	0.274	0.275	0.273	0.274

注：括号内为稳健标准误，***、**和*分别表示1%、5%和10%的显著性水平。

表 13 − 6　环境规制对环境污染的影响估计结果

变量	（1）	（2）	（3）	（4）	（5）	（6）	（7）	（8）
	lpm25	lpm25	lpm25	lpm25	lpwater	lpwater	lpwater	lpwater
sogovcost	−0.971***							
	(0.290)							
sogovinc		−1.151***						
		(0.350)						
pollgovcost			−1.037***				−0.871***	
			(0.142)				(0.181)	
pollgovinc				−1.289***				−1.119***
				(0.191)				(0.223)

续表

变量	(1)	(2)	(3)	(4)	(5)	(6)	(7)	(8)
	lpm25	lpm25	lpm25	lpm25	lpwater	lpwater	lpwater	lpwater
watergovcost					−1.514***			
					(0.504)			
watergovinc						−2.002***		
						(0.646)		
Constant	3.527***	3.522***	3.651***	3.651***	3.746***	3.752***	3.827***	3.833***
	(0.0325)	(0.0316)	(0.0319)	(0.0344)	(0.0381)	(0.0390)	(0.0406)	(0.0402)
FE	YES	YES	YES	YES	YES	YES	YES	YES
N	600	600	600	600	600	600	600	600
F	11.20	10.79	53.26	45.8	9.005	9.62	23.21	25.17
R^2	0.0219	0.0199	0.083	0.0807	0.0404	0.0442	0.0491	0.0509
adjR^2	0.0203	0.0182	0.0815	0.0792	0.0388	0.0426	0.0475	0.0493

注：括号内为稳健标准误，***、**和*分别表示1%、5%和10%的显著性水平。

表 13−7 控制环境污染后环境规制对环境社会健康成本的影响估计结果

变量	(1)	(2)	(3)	(4)	(5)	(6)	(7)	(8)
	lhealpay	lhealpay	lhealpay	lhealpay	lhealpay	lhealpay	lhealpay	lhealpay
lpm25	0.484***	0.485***			0.408***	0.408***	0.423***	0.425***
	(0.0256)	(0.0257)			(0.0237)	(0.0244)	(0.0230)	(0.0227)
lpwater			0.117***	0.114***	0.0858***	0.0836***	0.0885***	0.0884***
			(0.0271)	(0.0267)	(0.0200)	(0.0198)	(0.0245)	(0.0244)
sogovcost	−0.351				0.0842			
	(0.221)				(0.161)			
sogovinc		−0.382				0.127		
		(0.281)				(0.201)		
watergovcost			−2.436***		−1.666***			
			(0.519)		(0.345)			
watergovinc				−3.086***		−2.120***		
				(0.745)		(0.504)		
pollgovcost							−0.685***	
							(0.123)	

续表

变量	(1) lhealpay	(2) lhealpay	(3) lhealpay	(4) lhealpay	(5) lhealpay	(6) lhealpay	(7) lhealpay	(8) lhealpay
pollgovinc								−0.846 ***
								(0.170)
Constant	4.578 ***	4.569 ***	5.951 ***	5.965 ***	4.603 ***	4.610 ***	4.579 ***	4.571 ***
	(0.0844)	(0.0848)	(0.0996)	(0.103)	(0.118)	(0.127)	(0.108)	(0.110)
FE	YES	YES	YES	YES	YES	YES	YES	YES
N	600	600	600	600	600	600	600	600
F	184.6	185.1	17.47	16.02	119.5	122.5	145.5	148.4
R²	0.467	0.466	0.305	0.305	0.591	0.592	0.556	0.553
adjR²	0.466	0.464	0.303	0.302	0.588	0.589	0.554	0.551

注：括号内为稳健标准误，***、**和*分别表示1%、5%和10%的显著性水平。

表13-6的结果为环境规制对环境污染的影响，其中2~5列为环境规制对PM2.5的影响，6~9列为环境规制对废水排放的影响。表中结果显示，废气治理和总的污染治理对PM2.5有显著的负向影响，说明环境规制能够显著地改善大气环境。废水治理和总的污染治理对废水排放同样存在显著的负向影响，这说明环境规制政策也显著减少了废水排放，改善了水环境。

表13-7为方程（9-6）的估计结果，检验的是环境规制是否通过改善环境质量来降低社会健康成本。2~3列检验的是废气治理衡量的环境规制是否通过改善大气环境质量来降低社会健康成本。表中结果显示，PM2.5能够显著增加社会健康成本，说明大气污染不利于健康水平的提高。当控制PM2.5排放后，废气治理衡量的环境规制变得不显著，同时系数（−0.351和−0.382）的绝对值小于表13-5中2~3列对应系数（−0.821和−0.940）的绝对值，这符合完全中介效应的定义，即废气治理衡量的环境规制是唯一通过改善大气环境质量来降低社会健康成本，从而产生健康协同效应。4~5列检验的是废水治理衡量的环境规制是否通过改善水环境质量来降低社会健康成本。表中结果显示，废水能够显著增加社会健康成本，说明水污染不利于健康水平的提高。当控制废水排放后，废水治理衡量的环境规制政策仍然显著，但估计系数（−2.436和−3.086）的绝对值小于表13-5中6~7列对应系数（−2.613和−3.314）的绝对值，这符合部分中介效应的定义，即废水治理衡量的环境规制不但能够通过改善水环境来降低社会健康成本以产生健康协同效应，同时，还可以通过渠道降低社会健康成本。6~7列检验的是同时考虑两种污染物和两种环境规制的衡量指标时，是

否还存在中介效应。表中结果显示，废水治理衡量的环境规制仍然存在部分中介效应，但废气治理衡量的环境规制的估计系数变为正，但不显著，这可能是因为废气治理衡量的环境规制与废水治理衡量的环境规制存在共线，从而导致废气治理的效果被废水治理的效果吸收。8~9列检验的是总的污染治理衡量的环境规制时，是否存在中介效应。检验结果显示，总的污染治理衡量的环境规制的估计系数（-0.871和-1.119）绝对值小于表13-5中4~5列系数（-1.201和-1.493）的绝对值，同时估计系数在统计上显著，这说明存在部分中介效应，即总的污染治理即能够通过改善大气环境和水环境来降低社会的健康成本，同时，也可以通过其他渠道来产生健康协同效应。其中可能的原因是总的污染治理中包括废水治理分项，从而使得总的环境治理产生了部分中介效应。

13.3 促进环境与健康协同效应的政策建议

结合前文的研究结论，沿着环境规制政策通过改善环境质量进而产生健康协同效应这一核心要点，本章的政策建议首先考虑到京津冀地区污染的跨界性，建议实行联防联控，生态环境和健康属于公共服务范畴，三地应建立可共享的公共服务体系。其次，对于环境高质量的影响因素分析可知，能源开发是环境问题日益严重最重要的原因，应通过环境规制、加大科技投入等措施改善京津冀能源消费结构，减少环境污染；且前文中基于环境规制视角的环境高质量发展提升健康协同效应的研究结果表明，大气和水环境的治理能最有效地减少居民健康成本，因此大气和水应作为重点治理对象。再次，环境规制政策的制定应当以居民的健康为目标和出发点，一切以健康优先为原则，并且实时记录居民健康和环境规制的相关性，获取足够多的数据，以便为未来制定更详细、更有针对性的环境政策提供依据。最后，环境得到改善的关键是环境规制的有效实施，因此要为环境规制提供法律保障，并且实行生态预警机制。具体来说，本书提出的建议如下：

13.3.1 建立健全区域污染联防联控管理组织

有些环境污染具有跨界性，受地理环境、上下游等关系的影响，因此京津冀地区的污染治理必须打破行政区划限制，试行区域联防联控。具体措施包括：

——统一编制区域环境质量规划。这是区域联防联控的重要依据和制度保障，也是京津冀地区达成共识的重要标志。

——统一规定区域环保标准。环保标准是区域污染联防联控的技术保障。统一协调的京津冀地区环保标准将有助于京津冀地区进行统一的环保监管，为区域联动打造更加宽广的平台。

——统一区域能源供应分配政策。要实现统一治污，就要从全局出发，科学统筹，统一研究协调解决区域内突出的环境问题，合理分配节能减排任务，使得三地获得的支持力度与其所承担的任务相匹配，以此达到区域环境效益最大化。

——统一研究制定各项经济政策。建议国家相关部门与京津冀三地政府共同研究制定如企业环境保护经济鼓励政策、推进节能环保企业发展、新兴能源企业扶持政策等各项相关政策，以此推动区域联防联控工作的深入展开。

13.3.2 · 重点加强大气污染治理

根据实证结果可知废气治理衡量的环境规制可以通过改善大气环境质量来减少社会健康成本，从而产生健康协同效应，因此应继续稳健推进大气污染治理政策，特别是对PM2.5的控制政策。还需注意的是，由于PM2.5排放在很大程度上会通过大气环流、大气化学作用等扩散或转移到邻近地区，对PM2.5的控制需要推动地区间形成PM2.5控制的协同联动机制。

首先，实行科学的顶层设计，从源头着手制定实施高效的减霾政策。即通过环境规制手段倒逼产业结构和能源结构的绿色升级，并建立相应的长效机制以保持政策实施的连贯性。制定和完善大气环境管理的相关法律法规标准和政策体系，以及征收环境税、碳税、资源税及构建全国性的排污权交易市场等市场激励型的环境规制手段，提高"两高一资"行业的环境准入门槛，加快淘汰落后产能行业，提高环境生产绩效。同时严格实施区域煤炭消费总量控制、推进煤炭的清洁化利用，并通过适当的财税优惠政策引导企业积极开展绿色技术创新活动，加大政府对节能减排和污染防治技术研发的支持力度，并推进能源价格的市场改革以有效抑制能源回弹效应，依靠市场化机制实现绿色清洁能源对传统化石能源的逐步替代，针对北京、天津、雄安新区等重点地区，应重点进行管控，严格控制煤炭消费总量并持续降低煤炭在能源消费中的比重，提前实施天然气、一次电力等清洁能源替代，全面改善环境空气质量。

其次，根据雾霾污染程度和经济发展水平的区域差异进行全局规划，实行有所侧重的区域治霾策略，做到既要有全面布局，又要有的放矢，以及既要有全面的治理政策，又要针对三地不同的经济水平和污染程度，实行因地制宜的治霾方案；同时京津冀的周边地区（如山西、山东、辽宁、内蒙古等）也要进行有效治理。

最后，建立雾霾污染治理的区域联防联控机制，形成有效治霾的区域合力。明确三大主体区域内雾霾污染的责任与主体，形成统一的区域环境管理的法规、标准和政策体系，建立各大区域内部的污染补偿机制、利益协调机制和绿色GDP

竞争机制，加强区域联合环境执法与监督力度，构建统一的环境污染监测平台，实行区域环境信息共享机制、联合预警机制和示范效应机制，统一环境规制行动，相互积极配合，形成有利于雾霾污染治理的区域合力，最终达到控制复合型环境污染、共享治理成果的目的。

13.3.3 积极推进废水治理

前文的面板格兰杰因果关系模型和中介效应检验了研究结果表明，废水治理衡量的环境规制不但能够通过改善水环境来降低社会健康成本以产生健康协同效应，同时，还可以通过其他渠道降低社会健康成本。因而还应该重点注意改善水环境，加大水污染治理力度。建立京津冀水污染联防联控机制，明确各相关单位的管理权限、职责和纠纷受理机构，同时明确职能部门环境过失责任、惩罚法律法规实施细则及相关制度。发挥海河流域已有机构的作用，建立水污染防治协调部门，制定三地协同治污方案作为共同的行动框架指令，统筹京津冀的生态用水，协调处理三地水资源分配，建立三地河长联系制度，保障京津冀水污染防治合作有序运行。

首先，联手源头控污，遏制京津冀地区违法排污问题，建立水环境监测网络、管理监督和应急机制。要统一三地改善水环境质量和保障水环境安全的目标要求，从快从严核发企事业单位排污许可证，明确其法律责任义务。多部门联动，治理各类企事业违法排污超标排污现象，尤其是出重拳治理未在工商局注册的"黑户"的排污现象和向下水道偷排现象。统一信息标准，建立企事业单位排污在线监测网，实施单位污染物排放总量控制。

其次，联手截污治污，全面推进区域水污染防治信息共享，完善京津冀地区污水处理设施建设。在不断完善现有的监测和信息网络的基础上，重点构建跨境河流、边界河流水环境监测网络，建立区域流域水环境质量监测、污染源监管等专项信息平台，推动区域流域内信息共享。同时，建立健全水污染监测预警体系，加大污水处理设施建设力度，做好区域水环境监测和应急响应工作，建立水污染事件预警信息通报制度，制定跨流域的应急预案，共同应对水污染突发事件。

再次，建立水环境治理长效机制。一要充分发挥河长制的作用，控制流域污染，维持河流健康。先截污再治河，点源、面源、内源同治，左右岸上下游共治，通过水系连通、水体循环等改善水体流态，提升河流自净能力，使水体水质满足断面考核的水质要求联手河流保护，构建京津冀地区健康生态系统。二要完善多种形式的水污染治理投融资长效机制，创新财政投入模式，创新政府与民间资本合作方式，促进吸引多样化民间资本，保证水污染治理的资金投入；同时，建立资金投入的评价体系，尽可能避免资金的大投入、小产出，使水污染治理真正见效益。

最后，加大对饮水安全工程的投入力度。加大解决农村饮水安全问题的投资和建设力度，加大科技投入，按照水资源联合调度、优化配置的原则，加快城乡生活用水供水水源地建设与已建工程的改造，包括扩大管网供水与解决管网漏损问题，提高城乡供水质量与效果，切实保障人民的健康。

13.3.4 树立健康优先的环境管理价值取向

由于环境污染对健康的损害具有累积性和滞后性，即使生态环境质量从某个时段开始改善，其对人群健康的影响仍需要较长时间才能缓解。因此，环境与健康管理不是临时性的应对措施，而是长期、连续、科学的管理过程。因此，在设置环境管理目标时，无论是立法还是行政措施，都要求将污染所可能造成的"健康效应"作为首要的考虑因素，体现"公众健康优先"的价值取向。党的十九大报告将"坚持人与自然和谐共生"作为新时代中国特色社会主义思想的精神实质和基本内涵，并明确将"加快生态文明体制改革"作为建设美丽中国的重点任务。京津冀地区应树立以保障人群健康为核心的环境管理理念，明确"环境保护优先考虑公众健康"的价值取向，将环境健康风险管理融入环境管理和公共健康服务全过程。

此外，一些经验研究指出，环境质量的下降将直接增加国家和个人在环境保护和医疗保健等方面的支出，环境保护和医疗保健支出大多集中在事后补救和治疗等方面。比较而言，通过完善基本公共服务体系来缓解环境污染的健康风险，不仅能够在事前有效降低暴露于环境污染中的概率和环境污染产生的健康风险及危害，还能够进一步提升整体的公共服务水平和社会福祉。因此，合理配置公共资源和均衡，提供公共服务能够实现"效率与公平"双赢。公共服务的供给对健康具有显著的影响，政府应加大公共服务的供给，并且逐步实现京津冀三地公共服务的均等化，提高京津冀三地人民的总体福利水平。

13.3.5 强化科技支撑

从企业方面来讲，企业应充分利用京津冀的科研教育资源，建立专业的科研队伍，对一些高耗能、高污染项目进行全面的升级和创新。京津冀地区要实现生态经济的可持续发展必然会倒逼一些高耗能、污染大的企业转型升级或是淘汰，转而大力发展现代服务业和战略性新型产业，调整以煤炭、火电为主的能源结构，提高天然气、煤制气以及电力等可再生绿色能源的使用比例，逐渐实现"无煤化"。另外还应为这些清洁能源的供应市场提供宽松的市场政策。

此外，科技力量还应该运用在环境与健康管理方面。目前，我国的环境与健康相关研究起步晚，基础十分薄弱。加之研究的碎片化、低水平重复现象较为严重，环境与健康风险评价技术方法、环境污染物污染导致人体健康损害的致病机制、个体和人群健康损害评价标准等方面研究明显不足。环境与健康信息系统没有建立。鉴于我国的实际情况，应着手分阶段、有步骤地推进环境与健康科学研究及信息系统建设，着力加快信息共享步伐，积累长时期、大范围的基础数据，研究环境与健康风险产生规律，为制定标准、实施管理提供有强有力的科学技术支撑，研究适用于我国的环境健康风险评估技术；加强环境与健康综合监测能力建设，逐步提高有关环境与健康监测信息的处理能力，为开展环境健康风险预测与预警服务。组织开展具有前瞻性的环境与健康调查，为政府科学决策和开展有效的环境与健康管理提供技术支撑。

13.3.6　完善生态安全预警机制

维护生态安全是保持社会平安稳定、经济繁荣发展的基础，全面提高应对涉及公共危机的突发环境事件的能力，及时有效地处理污染，减轻事故造成的危害，维护社会稳定，保障公众生命健康和财产安全，促进经济社会全面协调可持续发展，建立生态安全预警应急机制。主要建设内容在于完善应急预案，不断地提高从发现到控制再到处理突发性事件的应急能力。重点包括以下几个方面，如事前建立区域环境信息共享、预报预警、应急联动、联合执法和科研合作，成立突发环境事件应急指挥部、制定预测报告制、设立应急响应方案、制定后期处置方法，并且对于工作玩忽职守、不负责任，致使调查工作有重大疏漏，应急决策、应急指挥失当，索贿受贿、包庇事件责任者等追究有关当事人的责任。

13.4　本章小结

本章评价环境规制政策对环境与健康产生的协同效应。在研究方法上，首先采用异质性面板数据格兰杰因果关系模型证实了环境规制对健康成本、环境规制对环境污染存在格兰杰因果效应；其次采用中介效应模型，对"环境规制→环境质量→健康水平"这一作用机制进行了系统全面的检验，量化了环境规制可以通过改善环境质量进而产生健康协同效应。研究结果表明，首先，面板格兰杰因果关系的检验模型显示，环境规制对健康成本、环境污染存在格兰杰因果效应。其次，中介效应模型的估计结果显示，废水治理衡量的环境规制不但能够通过改善水环境来降低社会健康成本以产生健康协同效应，同时，还可以通过其他渠道降低社会健康成本。总的污染治理即能够通过改善大气环境和水环境来降低社会健康成本，同时，也可以通过其他渠道来产生健康协同效应。从建立区域管理组织、重点注意大气污染治理、积极推进废水治理、建立健康优先的环境管理价值取向、强化科技支撑、完善生态安全预警机制等方面了促进环境与健康协同效应的政策建议。

14 全书主要结论

本书主要建构了高质量发展的"三维度、六特征、系统指标体系",提出面向"十四五"的高质量发展十大战略趋向。

14.1 研究结论之一:高质量发展有狭义和广义的理解

从狭义上说,高质量发展一般指经济高质量发展,表现为高质量的经济增长、高质量的资源配置,以及高质量的投入产出。从广义上说,高质量发展更强调经济效益、社会效益与环境效益的结合,体现人与经济社会的包容性增长。包括高质量的生态环境和高质量的社会保障。因此,高质量发展是指一个国家或区域经济社会发展在数量增长的基础上,实现更高质量、更有效率、更加公平、更可持续的发展,包括经济高质量发展、社会高质量发展和环境高质量发展。

14.2 研究结论之二:高质量发展内涵包括经济高质量发展、环境高质量发展、社会高质量发展

经济高质量发展就是在经济增长的基础上,通过结构优化使产业结构由劳动、资源密集型向知识技术密集型转变,通过效率提升使发展方式由粗放式向集约式转变,通过创新驱动使增长动力由要素驱动为主向创新驱动为主转变的变化过程;环境高质量发展,要求在利用和改造自然,以保障自身生存和发展的同时,尽量消解对自然环境的破坏和污染所产生的危害人类生存的各种负反馈效应,进而促进绿色产业的发展,实现绿色可持续发展;社会高质量发展,体现以人民为中心的发展思想,通过民生优化、城乡统筹、社会和谐,给民众带来更多的获得感、幸福感、安全感,能够更好满足人民日益增长的美好生活需要的变化

过程。环境高质量、社会高质量的持续改善是高质量发展的内在要求，也是它的重要内涵、时代内容。

14.3　研究结论之三：纵论"十四五"时期高质量发展的十大战略趋向

需要深刻把握高质量发展的十大战略趋向——"内循环"体系助力高质量发展、经济结构升级推动高质量发展、自主创新引领高质量发展、新经济驱动高质量发展、传统产业转型升级支撑高质量发展、消费拉动高质量发展、服务型制造促进高质量发展、区域协调发展推进高质量发展、生态环境保护助力高质量发展、共享发展聚力高质量发展。

14.4　研究结论之四：高质量发展具有六大特征

高质量发展的特征有以下六点：发展性、多维性、创新性、协调性、可持续性及其复杂性。发展性——高速度增长与高质量发展是相互联系、前后衔接的发展过程。与高速增长阶段相比，高质量发展不只是 GDP 数量的增加，而是社会所生产、人民所消费的物品和服务种类的增多，满足人们需求的程度更高，给人们带来的福利效应更大、产业体系更加齐全、产业层次更加高端、生产技术更加先进、产品种类更加丰富，实现了由无到有、由有到优，由制造到创造、由产品到品牌、由生产到技术的优化过程，因此，高质量发展具有发展性。多维性——与过去高速度增长不同的是，高质量发展特指经济增长处于合理区间的发展，突出质量更高、效率更高的可持续发展，以抛弃经济增长数量为单一准则的发展方式，转向以创新驱动、消费拉动、产业升级等多维度准则的经济发展方式，是对过去的发展理念、发展方式、发展战略、发展动力、发展目标的升级版。因此，高质量发展具有多维性。创新性——与高速增长阶段相比，高质量发展阶段，科技教育体制改革将得到深化，同时科技成果向生态化转化的能力显著提升；科研人员流动的体制机制障碍也会得以改善。这样，在创新的推动下，全要素生产率跨上新的台阶，科技创新成为驱动高质量发展的第一动力。因此，高质量发展具有创新性。协调性——高质量发展阶段，经济结构更加合理，产业部门之间发展的协调性更强，新型工业化、信息化、城镇化、农业现代化同步发展，发展的全面性不断提高。城乡区域之间实现融合发展、联动发展、均衡发展，发展差距明显缩小，发展成果共享程度更高。经济系统中主要平衡关系——实体经济部门中物品和劳务总供求之间的平衡关系、货币金融部门中货币总供求之间的平衡关系、实体经济本部与货币金融部门之间的平衡关系，以及对内和对外经济部门之间的平衡关系更加协调，从而经济运行更加稳健，系统性风险更小。因此，高质量发展具有协调性。可持续性——在高质量发展阶段，生态文明成为千年大计，可持续发展成为高质量发展的重要目标和追求。这样，衡量高质量发展不只是看经济规模、经济总量，还要追求经济的可持续性，要统筹经济发展和生态环境的关系。因此，高质量发展具有可持续性。复杂性——与高速度发展相比，高质量发展呈现出复杂性，两难或多难问题多。在经济高质量发展中，受学习曲线等规律的制约，大多数产业的升级是一个长期爬坡积累的过程，需要精准把握除旧迎新的节奏和力度，否则可能"腾了笼来不了新鸟"，打乱经济正常循环。处置风险可能导致潜在、隐性风险演变成现实、显性风险，处置过程中可能衍生出更隐蔽更难监管的风险，处置不当还容易出现次生风险，都会影响经济高质量发展。在环境高质量发展中，提升环境质量与短期经济平稳运行、保障就业也存在矛盾。在社会高质量发展中，由于收入层次拉大，不同收入人群对需求偏好差别很大，使社会达成共识更加困难。因此，高质量发展具有复杂性。

14.5 研究结论之五：基于高质量发展内涵，提出高质量发展的若干战略命题

本书基于高质量发展的内涵，提出高质量发展的若干战略命题——经济增长是经济高质量发展的基石，结构优化是经济高质量发展的核心，效率提升是经济高质量发展的关键，创新驱动是经济高质量发展的动力，环境质量是环境高质量发展的有效供给，污染减排是环境高质量发展的有效手段，资源利用是环境高质量发展的有效路径，环境管理是环境高质量发展的有效保障，民生优化是社会高质量发展的重要基点，城乡统筹是社会高质量发展的内在要求，社会和谐是高质量发展的温暖底色。本书分别从经济高质量发展、环境高质量发展和社会高质量发展建构了区域高质量发展衡量指标。经济高质量发展由 25 个指标构成；环境高质量发展由 20 个指标构成；社会高质量发展由 25 个指标构成。高质量发展总指数由 70 个指标构成。

14.6　研究结论之六：从四个方面衡量经济高质量发展

一是经济增长。经济高质量发展不是不要经济增长，而是在保持一定经济增长的前提下，适应经济发展的新阶段要求，加快实现经济发展质量变革、效率变革和动力变革。经济持续增长是经济高质量发展题中之意。二是结构优化。经济高质量发展要求经济结构持续优化升级，夯实经济增长的结构基础。在产业结构方面，首先是提高工业增长的附加值，以服务业为主导（尤其是生产性服务业）牵引制造业转型升级，使工业发展从主要依靠低成本竞争优势向创新驱动转变。其次是降低经济增长对房地产业的依赖，建立更加良性的宏观经济运行体系。在分配结构和动力源上，由投资拉动为主向消费拉动为主转变，从根本上改变供给结构与消费结构升级不适应的突出矛盾，使消费结构升级成为高质量发展的内生动力。三是效率提升。从效率角度看，经济高质量发展要求以最少的要素投入获得最大的产出，实现资源配置优化；既表现为要素利用配置效率高，如投入产出效率高、单位 GDP 能耗低、产能利用率高、实现绿色低碳发展等，也表现为使微观经济主体得到恰当的激励，促进企业家与职工等各类微观经济主体之间的利益协同。四是创新驱动。以科技创新驱动高质量发展，是贯彻新发展理念、破解当前经济发展中突出矛盾和问题的关键，也是加快转变发展方式、优化经济结构、转换增长动力的重要抓手。

14.7　研究结论之七：提出环境高质量发展概念

在内涵层面，环境高质量发展是高质量发展的重要部分，要求经济发展应当是健康可持续的，不仅要关注眼前的利益，还要关注今天的使用不应减少未来的实际收入，体现经济的可持续性；在目标层面，环境高质量发展要求以更少的资源投入创造更多的价值，这与高质量发展理念一致——高质量发展的核心理念是"努力实现更有效率、更可持续的发展"；在效果层面，环境高质量发展不仅要求保护环境，而且要求通过带动环保投资，发展绿色产业，创造"绿水青山就是金山银山"，从而对高质量发展起到有力的促进作用。

14.8　研究结论之八：建构社会高质量发展评价指标体系

从民生优化、城乡统筹、社会和谐三个方面构建社会高质量发展指标体系，具体来说：民生优化——高质量发展成果惠及民生，必然要求扩大基本公共服务覆盖面，提高基本公共服务保障水平，推进基本公共服务，如教育、医疗、养老等均等化。城乡统筹——城乡统筹发展是指改变"城市工业、农村农业"的二元思维方式，将城市和农村的发展紧密结合起来，统一协调，全面考虑，树立贸工农一体化的经济社会发展思路，积极推进乡村振兴战略。首都高质量发展要求推进区域均衡发展，城乡统筹推进，以让经济发展成果更多地惠及民众。社会和谐——经济发展的最终目的是为了造福于人民，提高各个阶层的人民福祉。高质量发展是社会和谐性增长。社会和谐性增长要求在经济增长中每个社会阶层的福祉都能随着经济增长而增长，虽然各个社会阶层的福祉增长水平有所不同，但必须都能够有其应有的增长，但过度福祉分化也会形成社会的不稳定。因此，实现社会和谐就必须实行良好的税收制度与社会保障制度，实现初次分配强调效率、再分配更加注重公平的有效社会财富调节机制。消灭贫困是社会和谐的底线和长期举措。

14.9　研究结论之九：环境高质量发展评价指标体系由环境质量、污染防治、资源利用、环境管理四个维度构成

环境质量是环境高质量发展的有效供给——环境质量是指以人类为中心的、环绕人们周围的各种自然因素的状态，高质量的环境质量要求改善大气质量、加强土地保护、缓解水资源压力等，提升民众幸福感与获得感。环境质量指标由环境状态和生态状态表征，本书选用全年优良天数比例评价环境状态，能够综合、直观地表征省市的整体空气质量状况和变化趋势；生态状态评价指标包括建成区绿化覆盖率、受保护地占国土面积比率、土地利用及淡水压力，用来反映环境整体的状态及稳定性。污染减排是环境高质量发展的有效手段——污染减排是指减轻人类社会经济活动对生态环境造成的压力，减少废弃物和环境有害物排放，产生正的外部性，高质量的污染减排告别了传统的"资源—生产—废弃物"单项流动的线性生产模式，形成"资源—产品—废弃物—再生资源"循环流动的生产模式，降低生产的边际成本和末端治理费用，提供高质量的绿色产品和服务。

污染减排指标主要由排放强度、环境建设和绿色生活三大类构成，排放强度表征人类社会经济活动对生态环境造成的压力，包括 CO_2 排放强度、SO_2 排放强度、COD 排放强度、氨氮排放强度、工业废水排放量及城镇生活垃圾填埋处理量；环境建设体现省市控制污染防治所进行的努力，包括城市生活污水集中处理达标率和生活垃圾无害化处理率；绿色生活反映省市控制污染排放所取得的成效，本书采用农村卫生厕所普及率和城镇每万人口公共交通客运量衡量。资源利用是环境高质量发展的有效路径——资源利用是指提高资源利用效率，以较少的资源能源消耗和环境破坏实现经济发展。高质量的资源利用促进资本要素由资源利用效率低、环境污染高的部门向资源利用效率高、环境友好的部门流动，提高资源配置效率，促进绿色技术的研发与扩散，拓展资源利用支持可持续增长的能力。资源利用指标由结构优化指标和资源产出构成。结构优化指标主要表征社会经济系统能源结构的合理性，通过结构调整降低社会经济活动对环境的影响，本书采用能源产出率、水资源产出率、建设用地产出率评价；资源产出指标表征社会经济活动利用资源的效率提升情况，采用煤炭消费占能耗总量的比重评价。环境管理是环境高质量发展的有效保障——环境管理是指运用经济、法律、技术、行政、教育等手段，限制和控制损害环境质量，实现经济、社会、环境的和谐共处。高质量的环境管理，通过加大环境管理投入、加强环境治理，提供更多的优质生态产品，满足民众日益增长的对优美生态环境的需要。环境管理指标由环保投资指标构成。从机理上看，环保投资指标能够体现省市对于环境管理的投入，满足民众日益增长的对优美生态环境的需要。

14.10 研究结论之十：评价环境规制政策对环境与健康产生的协同效应

采用异质性面板数据格兰杰因果关系模型证实了环境规制对健康成本、环境规制对环境污染存在格兰杰因果效应；进而，采用中介效应模型，对环境规制→环境质量→健康水平这一作用机制进行了系统全面的检验，量化环境规制可以通过改善环境质量进而产生健康协同效应。研究结果表明，首先，面板格兰杰因果关系的检验模型显示，环境规制对健康成本、环境污染存在格兰杰因果效应。其次，进一步的中介效应模型的估计结果显示，废气治理衡量的环境规制唯一通过改善大气环境质量来减少社会健康成本，从而产生健康协同效应。废水治理衡量的环境规制不但能够通过改善水环境来降低社会健康成本以产生健康协同效应，同时，还可以通过其他渠道降低社会健康成本。总的污染治理即能够通过改善大气环境和水环境来降低社会健康成本，同时，也可以通过其他渠道来产生健康协同效应。从建立区域管理组织、重点注意大气污染治理、积极推进废水治理、建立健康优先的环境管理价值取向、强化科技支撑、完善生态安全预警机制等方面促进环境与健康协同效应的政策建议的推进与完善。

参考文献

[1] Arceo E, Hanna R, Oliva P. Does the Effect of Pollution on Infant Mortality Differ Between Developing and Developed Countries? Evidence from Mexico City [J]. The Economic Journal, 2016, 126 (591): 257 - 280.

[2] Auffhammer M, Bento AM, Lowe SE. Measuring the Effects of the Clean Air Act Amendments on Ambient Concentrations: The Critical Importance of a Spatially Disaggregated Analysis [J]. Journal of Environmental Economics and Management, 2009, 58 (1): 15 - 26.

[3] Baron RM, Kenny DA. The Moderator - Mediator Variable Distinction in Social Psychological Research: Conceptual, Strategic, and Statistical Considerations [J]. Journal of Personality and Social Psychology, 1986, 51 (6): 1173 - 1182.

[4] Beatty TKM, Shimshack JP. Air Pollution and Children's Respiratory Health: A Cohort Analysis [J]. Journal of Environmental Economics and Management, 2014, 67 (1): 39 - 57.

[5] Berazneva J, Byker TS. Does Forest Loss Increase Human Disease? Evidence from Nigeria [J]. American Economic Review: Papers & Proceedings, 2017, 107 (5), 516 - 521.

[6] Bond, Tami C. A technology - based Global Inventory of Black and Organic Carbon Emissions From Combustion [J]. Journal of Geophysical Research, 2004, 109 (D14), D14203.

[7] Boschma R A. Proximity and Innovation [J]. Regional Studies, 2005, 39 (1): 61 - 74.

[8] Burnett R T, Brook J, Dann T, Delocla C, Philips O, Cakmak S, Vincent R, Goldberg MS, Krewski D. Association Between Particulate - And Gas - Phase Components of Urban Air Pollution And Daily Mortality in Eight Canadian Cities [J]. Inhalation Toxicology, 2000, 12 (4): 15 - 39.

[9] Bengtsson M, lvell. Climate of competition, Clusters and Innovative Perform-

ance [J] . Scandinavian Journal of Management, 2004, 20 (3): 225 – 244.

[10] Bruno A V, Tyebjee T T. The Environment for Entrepreneurship [J] . Encyclopedia of Entrepreneurship C A, 1982.

[11] Cao J, Xu H, Xu Q, Chen B, Kan H. Fine Particulate Matter Constituents and Cardiopulmonary Mortality in a Heavily Polluted Chinese City [J] . Environmental Health Perspectives, 2012, 120 (3): 373 – 378.

[12] Cesur R, Tekin E, Ulker A. Air Pollution and Infant Mortality [J] . The Economic Journal, 2017, (127): 330 – 362.

[13] Cesur R, Tekin E, Ulker A. Can Natural Gas Save Lives? Evidence from the Deployment of a Fuel Delivery System in a Developing Country [J] . Journal of Health Economics, 2018 (59): 91 – 108.

[14] Chakravarty D, Mandal SK. Estimating the Relationship between Economic Growth and Environmental Quality for the Brics Economies – a Dynamic Panel Data Approach [J] . Journal of Developing Areas, 2016, 50 (5): 119 – 130.

[15] Chay KY, Greenstone M. The Impact of Air Pollution on Infant Mortality: Evidence from Geographic Variation in Pollution Shocks Induced by a Recession [J] . Quarterly Journal of Economics, 2003, 118 (118): 1121 – 1167.

[16] Chen H, Hao Y, Li J, Song X. The Impact of Environmental Regulation, Shadow Economy, and Corruption on Environmental Quality: Theory and Empirical Evidence from China [J] . Journal of Cleaner Production, 2018a (195): 200 – 214.

[17] Chen K, Wolf K, Breitner S, Gasparrini A, Stafoggia M, Samoli E, Andersen ZJ, Bero – Bedada G, Bellander T, Hennig F, Jacquemin B, Pekkanen J, Hampel R, Cyrys J, Peters A, Schneider A, Uf, Group HS. Two – way Effect Modifications of Air Pollution and Air Temperature on Total Natural and Cardiovascular Mortality in eight European Urban Areas [J] . Environment International, 2018b (116): 186 – 196.

[18] Chen Y, Ebenstein A, Greenstone M, Li H. Evidence on the Impact of Sustained Exposure to Air Pollution on Life Expectancy from China's Huai River Policy [J] . Proceedings of the National Academy of Sciences of the United States of America, 2013, 110 (32): 12936 – 12941.

[19] Dasgupta S, Laplante B, Mamingi N. Pollution and Capital Markets in Developing Countries [J] . Social Science Electronic Publishing, 2001, 42 (3): 310 – 335.

[20] Diaz – Mendez SE, Torres – Rodríguez AA, Abatal M, Soberanis MAE,

Bassam A, Pedraza – Basulto GK. Economic, Environmental and Health co – benefits of the use of Advanced Control Strategies for Lighting in Buildings of Mexico [J]. Energy Policy, 2018 (113): 401 – 409.

[21] Do Q – T, Joshi S, Stolper S. Can Environmental Policy Reduce Infant Mortality? Evidence from the Ganga Pollution Cases [J]. Journal of Development Economics, 2018 (133): 306 – 325.

[22] Dumitrescu E – I, Hurlin C. Testing for Granger non – causality in Heterogeneous Panels [J]. Economic Modelling, 2012, 29 (4): 1450 – 1460.

[23] Ebenstein A. The Consequences of Industrialization: Evidence from Water Pollution and Digestive Cancers in China [J]. Review of Economics & Statistics, 2012, 94 (1): 186 – 201.

[24] Ebenstein A, Fan M, Greenstone M, He G, Yin P, Zhou M. Growth, Pollution, and Life Expectancy: China from 1991 – 2012 [J]. American Economic Review: Papers & Proceedings, 2015, 105 (5): 226 – 231.

[25] Ebenstein A, Fan M, Greenstone M, He G, Zhou M. New Evidence on the Impact of Sustained Exposure to Air Pollution on Life Expectancy from China's Huai River Policy [J]. Proceedings of the National Academy of Sciences of the United States of America, 2017, 114 (39): 10384 – 10389.

[26] Fritz MS, Taylor AB, MacKinnon DP. Explanation of Two Anomalous Results in Statistical Mediation Analysis [J]. Multivariate Behavioral Research, 2012, 47 (1): 61 – 87.

[27] Gehrsitz M. The Effect of Low Emission Zones on Air Pollution and Infant Health [J]. Journal of Environmental Economics and Management, 2017 (83): 121 – 144.

[28] Greenstone M. Did the Clean Air Act Cause the Remarkable Decline in Sulfur Dioxide Concentrations? [J]. Journal of Environmental Economics and Management, 2004, 47 (3): 585 – 611.

[29] Greenstone M, Hanna R. Environmental Regulations, Air and Water Pollution, and Infant Mortality in India [J]. American Economic Review, 2014, 104 (10): 3038 – 3072.

[30] Grossman GM, Krueger AB. Environmental Impacts of a North American Free Trade Agreement [J]. Social Science Electronic Publishing, 1991, 8 (2): 223 – 250.

[31] Gusyeva KD, Safranov TA. Integrated Assessment of the Environmental

Quality in Odessa Agglomeration ［J］. Urban Climate, 2018 (25): 1 – 8.

［32］Hajime A. Global Air Quality and Pollution ［J］. Science, 2003, 302 (5651): 1716 – 1719.

［33］Hao Y, Wu Y, Wang L, Huang J. Re – examine Environmental Kuznets Curve in China: Spatial Estimations Using Environmental Quality Index ［J］. Sustainable Cities and Society, 2018, 42 (10): 498 – 511.

［34］Harris RDF, Tzavalis E. Inference for Unit Roots in Dynamic Panels Where the Time Dimension is Fixed ［J］. Journal of Econometrics, 1999, 91 (2): 201 – 226.

［35］He G. Essays on the Health Effects of Pollution in China ［J］. Dissertations & Theses – Gradworks, 2013.

［36］He G, Fan M, Zhou M. The Effect of Air Pollution on Mortality in China: Evidence from the 2008 Beijing Olympic Games ［J］. Journal of Environmental Economics and Management, 2016 (79): 18 – 39.

［37］He L, Shen J, Zhang Y. Ecological Vulnerability Assessment for Ecological Conservation and Environmental Management ［J］. Journal of Environmental Management, 2018 (206): 1115 – 1125.

［38］Hettige H, Mani M, Wheeler D. 'Industrial Pollution in Economic Development: The Environmental Kuznets Curve Revisited' ［J］. Journal of Development Economics, 2004, 62 (2): 445 – 476.

［39］Huang XF, Li X, He L – Y, Feng N, Hu M, Niu Y – W, Zeng L – W. 5 – Year Study of Rainwater Chemistry in a Coastal mega – city in South China ［J］. Atmospheric Research, 2010, 97 (1): 185 – 193.

［40］Im KS, Pesaran MH, Shin Y. Testing for Unit Roots in Heterogeneous Panels ［J］. Journal of Econometrics, 2003, 115 (1): 53 – 74.

［41］Jongwanich J, Kohpaiboon A , Yang C H . Science Park, Triple Helix, and Regional Innovative Capacity: Province – level Evidence from China ［J］. Journal of the Asia Pacific Economy, 2014, 19 (2): 333 – 352.

［42］Jones BA. Spillover Health Effects of Energy Efficiency Investments: Quasi – experimental Evidence from the Los Angeles LED Streetlight Program ［J］. Journal of Environmental Economics and Management, 2018 (88): 283 – 299.

［43］Kim H, Kim H, Lee JT. Spatial variation in Lag Structure in the Short – term Effects of air Pollution on Mortality in Seven Major South Korean Cities, 2006 – 2013 ［J］. Environment international, 2019 (125): 595 – 605.

［44］ Lanoie P, Patry M, Lajeunesse R. Environmental Regulation and Productivity：Testing the Porter Hypothesis［J］.Journal of Productivity Analysis, 2008, 30（2）：121 – 128.

［45］ Laplante BT, Rilstone P. Environmental Inspections and Emissions of the Pulp and Paper Industry in Quebec［J］. Journal of Environmental Economics & Management, 2004, 31（1）：19 – 36.

［46］ Levinson A. Environmental Regulations and Manufacturers' Location Choices：Evidence from the Census of Manufactures［J］. Journal of Public Economics, 1996, 62（1）：5 – 29.

［47］ Li X, Qiao Y, Zhu J, Shi L, Wang Y. The "APEC blue" Endeavor：Causal Effects of Air Pollution Regulation on Air Quality in China［J］. Journal of Cleaner Production, 2017（168）：1381 – 1388.

［48］ Liao X, Shi X. Public Appeal, Environmental Regulation and Green Investment：Evidence from China［J］. Energy Policy, 2018（119）：554 – 562.

［49］ Liu M, Huang Y, Ma Z, Jin Z, Liu X, Wang H, Liu Y, Wang J, Jantunen M, Bi J, Kinney PL. Spatial and Temporal Trends in the Mortality Burden of Air Pollution in China：2004 – 2012［J］. Environment International, 2017（98）：75 – 81.

［50］ Liu X, Heilig GK, Chen J, Heino M. Interactions Between Economic Growth and Environmental Quality in Shenzhen, China's First Special Economic Zone［J］. Ecological Economics, 2007, 62（3）：559 – 570.

［51］ Lopez L, Weber S. Testing for Granger Causality in Panel Data［J］. Stata Journal, 2017, 17（4）：972 – 984.

［52］ Marre J – B, Pascoe S, Thébaud O, Jennings S, Boncoeur J, Coglan L. Information Preferences for the Evaluation of Coastal Development Impacts on Ecosystem Services：A multi – criteria Assessment in the Australian Context［J］. Journal of Environmental Management, 2016（173）：141 – 150.

［53］ Marien M. Resilient people Resilient Planet：A Future Worth Choosing［J］. Cadmus, 2012, 12（5）：I – II.

［54］ Martinezcanas R. Concept Mapping as a Learning Tool for the Employment Relations Degree［J］.Journal of International Education Research, 2011（7）：23 – 28.

［55］ Mohammad Ebrahim Sadeghi, Ali Asghar Sadabadi. Evaluating Science Parks Capacity to Create Competitive Advantages：Comparison of Pardis Technology Park and Sheikh Bahaei Science and Technology Park in Iran. International Journal of

Innovation & Technology Management, 2015, 12 (6): 1550031.

[56] Ohara T. An Asian Emission Inventory of Anthropogenic Emission Sources for the Period 1980 – 2020 [J]. Atmos. Chem. Phys, 2007, 7 (16): 6843 – 6902.

[57] Ostro B, Spadaro JV, Gumy S, Mudu P, Awe Y, Forastiere F, Peters A. Assessing the Recent Estimates of the Global Burden of Disease for Ambient Air Pollution: Methodological changes and Implications for low – and Middle – income Countries [J]. Environmental Research, 2018, 166: 713 – 725.

[58] Rockström J, Steffen WL, Noone K, PerssonÅ, Chapin III FS, Lambin EF, Lenton TM, Scheffer M, et al. Planetary Boundaries: Exploring the Safe Operating Space for Humanity [J]. Ecology and Society, 2009, 14 (2): 32.

[59] Schlenker W, Walker WR. Airports, Air Pollution, and Contemporaneous Health [J]. The Review of Economic Studies, 2016, 83 (2): 768 – 809.

[60] Shen N, Liao H, Deng R, Wang Q. Different types of Environmental Regulations and the Heterogeneous Influence on the Environmental Total Factor Productivity: Empirical Analysis of China's Industry [J]. Journal of Cleaner Production, 2019 (211): 171 – 184.

[61] Shih Y – H, Tseng C – H. Cost – benefit Analysis of Sustainable Energy Development using Life – cycle co – benefits Assessment and the System Dynamics Approach [J]. Applied Energy, 2014 (119): 57 – 66.

[62] Saixing Zeng, Xuemei Xie, Chiming Tam. Evaluating Innovation Capabilities for Science Parks: A System Model [J]. Ukio Technologinis Ir Ekonominis Vystymas, 2010, 16 (3): 397 – 413.

[63] Tanaka S. Environmental Regulations on Air Pollution in China and Their Impact on Infant Mortality [J]. Journal of Health Economics, 2015 (42): 90 – 103.

[64] Tao M, Chen L, Xiong X, Zhang M, Ma P, Tao J, Wang Z. Formation Process of the Widespread Extreme Haze Pollution over Northern China in January 2013: Implications for Regional Air Quality and Climate [J]. Atmospheric Environment, 2014 (98): 417 – 425.

[65] Tran LT, Knight CG, O'Neill RV, Smith ER, 2004. Integrated Environmental Assessment of the Mid – Atlantic Region with Analytical Network Process. Environmental Monitoring & Assessment 94 (1 – 3), 263 – 277.

[66] TEPCO. Electricity Supply Facilities – Generation Capacity by Energy Source [EB/OL]. [2019 – 09 – 23]. https: //www4. tepco. co. jp/en/corpinfo/

illustrated/electricity – supply/generation – capacity – tepco – e. html.

［67］ UNEP. Green Economy：Developing Countries Success Stories ［J］. Resources Environment Inhabitant, 2010.

［68］ Wang C, Wu J, Zhang B. Environmental Regulation, Emissions and Productivity：Evidence from Chinese, COD – emitting manufacturers ［J］. Journal of Environmental Economics and Management, 2018（92）：54 – 73.

［69］ Wang K, Yin H, Chen Y. The effect of Environmental Regulation on Air Quality：A Study of New Ambient Air Quality Standards in China ［J］. Journal of Cleaner Production, 2019（215）：268 – 279.

［70］ Yang J, Zhang B. Air Pollution and Healthcare Expenditure：Implication for the Benefit of Air Pollution Control in China ［J］. Environment international, 2018（120）：443 – 455.

［71］ Yang Y, Tang R, Qiu H, Lai PC, Wong P, Thach TQ, Allen R, Brauer M, Tian L, Barratt B. Long Term Exposure to Air Pollution and Mortality in an Elderly Cohort in Hong Kong ［J］. Environment International, 2018（117）：99 – 106.

［72］ Zheng S, Yi H, Li H. The Impacts of Provincial Energy and Environmental Policies on Air Pollution Control in China ［J］. Renewable and Sustainable Energy Reviews, 2015（49）：386 – 394.

［73］ 白雪洁, 闫文凯, 孙溪悦. 源于区位与城市政治级别差异的经营效率及创新效率背反——基于 SBM 模型的我国国家级高新区效率解构 ［J］. 科技进步与对策, 2014（9）：28 – 33.

［74］ 北京市知识产权局.《2016 年北京市战略性新兴产业知识产权（专利）状况》白皮书 ［J］. 电子知识产权, 2017.

［75］ 本刊编辑部.2018 中国生态环境状况公报发布 ［J］. 中国能源, 2019, 41（6）：1.

［76］ 蔡昉. 从中国经济发展大历史和大逻辑认识新常态 ［J］. 数量经济技术经济研究, 2016（8）：6.

［77］ 卜建华, 刘敏. 北京节能环保产业发展及政策浅析 ［J］. 绿色环保建材, 2019, 143（1）：58.

［78］ 程翔. 北方供暖地区不同采暖方式发展现状及经济性分析 ［J］. 中国集体经济, 2019（24）：14 – 17.

［79］ 程臻宇, 侯效敏, 王宝义. 全球生态治理与生态经济研究进展——"生态经济研究前沿国际高层论坛"会议综述 ［J］. 生态经济, 2015, 31（10）：14 – 20.

［80］初晓波．日本的低碳城市建设——以东京都为中心的研究［J］．科学中国人，2011：52－59.

［81］大卫·皮尔斯等．绿色经济蓝图［M］．北京：北京师范大学出版社，1997.

［82］董锋，李卓霖，代远菊．我国雾霾污染的防治建议——基于伦敦地区治理成效的历史考察［J］．科技管理研究，2016（12）：245－249.

［83］段宁．清洁生产、生态工业和循环经济［J］．环境科学研究，2001（6）.

［84］付允，马永欢，刘怡君等．低碳经济的发展模式研究［J］．中国人口·资源与环境，2008，18（3）：14－19.

［85］高晓龙．水污染治理的国外借鉴［J］．中国生态文明，2014（2）：70－75.

［86］顾俊财．英国：道路交通噪声地图［J］．安全与健康，2005（8）：54.

［87］郭磊．低碳生态城市案例介绍（十九）：伦敦低碳城市建设（下）［J］．城市规划通讯，2013（2）：17－18.

［88］国家发改委能源研究所能源系统分析研究中心．东京绿色、低碳、安全的城市能源发展战略［R］．2013.

［89］国务院发展研究中心课题组．高质量发展的目标要求和战略重点［M］．中国发展出版社，2014.

［90］国家发展改革委经济研究所课题组：推动经济高质量发展研究［J］．宏观经济研究，2019（2）.

［91］韩红霞，高峻，刘广亮等．英国大伦敦城市发展的环境保护战略［J］．国际城市规划，2004，19（2）：60－64.

［92］胡海德，李小玉，杜宇飞，郑海峰，都本绪，何兴元．生物多样性遥感监测方法研究进展［J］．生态学杂志，2012，31（6）：1591－1596.

［93］黄群慧．改革开放40年经济高速增长的成就与转向高质量发展的战略举措［J］．经济论坛，2018（7）：14－17.

［94］洪银兴，任保平，新时代发展经济学［M］．高等教育出版社，2019.

［95］洪银兴，创新型经济：经济发展的新阶段［M］．经济科学出版社，2010.

［96］洪银兴，经济新常态下发展理论创新［M］．经济科学出版社，2017.

［97］洪银兴．论中高速增长新常态及其支撑常态［J］．经济学动态，2014（11）：4.

［98］洪亮平．城市能源战略与城市规划［J］．太阳能，2006（1）：13－17．

［99］贾品荣，方力．发挥科普在疫情防控中的重要作用［N］．人民日报，2020－02－12．

［100］贾品荣，郭广生．京津冀传统高能耗产业升级与新兴绿色产业培育研究［M］．科学出版社，2019．

［101］贾品荣，郭广生．科学把握传统高能耗产业升级与新兴绿色产业培育的关系［N］．经济日报，2019－10－04．

［102］贾品荣，绿色发展：京津冀高能耗产业升级的有效路径［N］．光明日报，2018－12－08．

［103］贾品荣，李科．京津冀地区低碳发展的技术进步路径研究［M］．科学出版社，2018．

［104］贾品荣．区域低碳协同发展评价：京津冀、长三角和珠三角城市群的比较分析［J］．经济数学，2018（4）．

［105］贾品荣．民生科技：创新模式与评价体系［M］．经济科学出版社，2015．

［106］贾品荣．科技创新是京津冀低碳发展的新引擎［N］．光明日报，2018－06－02．

［107］贾品荣等．京津冀高能耗产业产能利用率及其影响因素研究［J］．经济数学，2019（3）．

［108］金碚．关于"高质量发展"的经济学研究［J］．中国工业经济，2018（4）：5－18．

［109］李彬．北京市低碳能源综合评价模型与2030年能源战略研究［D］．北京工业大学，2014．

［110］李金昌，史龙梅，徐蔼婷．高质量发展评价指标体系探讨［J］．统计研究，2019，36（1）：3－14．

［111］李凌，创新驱动高质量发展［M］．高等教育出版社，2018．

［112］李伟．高质量发展有六大内涵［EB/OL］．（2018－01－22）［2019－09－19］．http：//www.drc.gov.cn/xscg/20180122/182－473－2895401.htm.

［113］刘学之，刘成，杨巍．伦敦能源战略对北京建设世界城市的启示［J］．环境保护，2012（7）：79－82．

［114］刘长松．城镇化低碳发展的国际经验［J］．中国发展观察，2016（19）：112－117．

［115］刘召峰，周冯琦．全球城市之东京的环境战略转型的经验与借鉴

［J］. 中国环境管理，2017，9（6）：103－107.

［116］刘志林，戴亦欣，董长贵等. 低碳城市理念与国际经验［J］. 城市发展研究，2009，16（6）：1.

［117］刘志彪. 理解高质量发展：基本特征、支撑要素与当前重点问题［J］. 学术月刊，2018（7）：44－45.

［118］吕薇. 打造高质量发展的制度和政策环境［N］. 经济日报，2018－04－27（14）.

［119］马茹，罗晖，王宏伟等. 中国区域经济高质量发展评价指标体系及测度研究［J］. 中国软科学，2019（7）：60－67.

［120］潘莉. 服务业高质量发展指数研究与实证分析［J］. 统计科学与实践，2019，413（3）：38－41.

［121］钱易. 清洁生产与循环经济：概念、方法和案例［M］. 清华大学出版社，2006.

［122］任保平，李禹墨. 新时代我国高质量发展评判体系的构建及其转型路径［J］. 陕西师范大学学报，2018（3）：102－113.

［123］任保平. 新时代中国经济高质量发展研究［M］. 人民出版社，2020.

［124］任保平. 中国经济增长质量发展报告［M］. 中国经济出版社，2019.

［125］上海市生态环境局. 2018 上海市生态环境状况公报［EB/OL］. （2019－06－03）［2019－10－12］. http：//sthj. sh. gov. cn/fa/cms/shhj//shhj2143/shhj2144/2019/06/102221. htm.

［126］石磊. 工业生态学的内涵与发展［J］. 生态学报，2008，28（7）：3356－3364.

［127］史丹，李鹏. 我国经济高质量发展测度与国际比较［J］. 东南学术，2019（5）：169－180.

［128］史丹. 中国经济高质量发展——基于产业的视角［M］. 经济管理出版社，2019.

［129］孙腾，金颖. 国际大都市低碳发展策略对上海的启示［J］. 上海节能，2017（10）：5－9.

［130］孙新军. 对东京垃圾处理精细化的调查与思考［J］. 城市管理与科技，2018，20（4）：8－13.

［131］唐天均，谢林伸，彭溢等. 东京湾水环境治理对深圳的启示［J］. 环境科学与管理，2014，39（12）：42－44.

［132］唐啸. 绿色经济理论最新发展述评［J］. 国外理论动态，2014（1）：125－132.

[133] 田国行，邢俊敏，朱红梅等．城市绿地系统规划研究的回顾与展望[J]．西北林学院学报，2009（3）：199－204．

[134] 田贺忠，陆永祺，郝吉明等．我国酸雨和二氧化硫污染控制历程及进展[J]．中国电力，2001，34（3）．

[135] 田秋生，高质量发展的理论内涵和实践要求[J]．山东大学学报（哲学社会科学版），2018．（6）：1－2．

[136] 托马斯·皮凯蒂．21世纪资本论[M]．中信出版社，2014．

[137] 汪同三．深入理解我国经济转向高质量发展[N]．人民日报，2018－06－07（007）．

[138] 王菲．资源型城市可持续发展指标体系构建及综合评价研究[D]．大庆石油学院，2006．

[139] 王琦，黄金川．东京都市圈大气污染防治政策对京津冀的启示[J]．地理科学进展，2018，37（6）：790－800．

[140] 王小曼，张晟昊，权芳芳．氮氧化物的危害及其催化还原控制方法[J]．上海节能，2019（4）：259－261．

[141] 王一鸣．向高质量发展转型要突破哪些关口[N]．联合时报，2018－04－13（004）．

[142] 王晓慧，中国经济高质量发展研究[D]．吉林大学，2019．

[143] 王薇．中国经济增长数量、质量和效益的耦合研究[D]．西北大学，2016：89．

[144] 吴丛司．打造低碳城市的"英伦样本"[N]．经济参考报，2016－04－11（004）．

[145] 吴启明．全国市辖区高质量发展指标体系研究[J]．上海企业，2019（7）：68－72．

[146] 习近平．决胜全面建成小康社会夺取新时代中国特色社会主义伟大胜利——在中国共产党第十九次全国代表大会上的报告（2017年10月18日）[M]．人民出版社，2017．

[147] 习近平．迈向命运共同体　开创亚洲新未来[N]．人民日报，2015－03－29（01）．

[148] 习近平．之江新语[M]．浙江人民出版社，2007．

[149] 肖焰恒，陈艳．生态工业理论及其模式实现途径探讨[J]．中国人口·资源与环境，2001，11（3）．

[150] 夏春玉，中国高质量发展：基于新发展理念的指数评价与比较分析[M]．东北财经大学出版社，2018．

［151］徐金源，孙中俊．以东京为鉴走绿色城镇化道路［J］．唯实，2016（2）：20－23．

［152］许国强，曾光明，殷志伟等．氨氮废水处理技术现状及发展［J］．湖南有色金属，2002（2）：29－33．

［153］许永兵，罗鹏，张月．高质量发展指标体系构建及测度——以河北省为例［J］．河北大学学报（哲学社会科学版），2019，44（3）：86－97．

［154］徐现祥，李书娟，王贤彬，毕青苗．中国经济增长目标的选择：以高质量发展终结"崩溃论"［J］．世界经济，2018（10）：24．

［155］杨帆，林忠胜，张哲等．浅析我国地表水与海水环境质量标准存在的问题［J］．海洋开发与管理，2018，35（7）．

［156］殷醒民．高质量发展指标体系的五个维度［N］．文汇报，2018－02－06（012）．

［157］岳天祥．生物多样性遥感研究方法浅议［J］．生物多样性，2000，8（3）：343－346．

［158］张帆．"高质量发展"的思考：内涵及发展路径［J］．经济研究导刊，2018，371（21）：187－188．

［159］张高丽．大力推进生态文明 努力建设美丽中国［J］．求是，2013，（24）：3－11．

［160］张健，丁晓欣，朱佳，高静思．伦敦水污染治理策略［J］．环境与发展，2019（8）：62－63，65．

［161］张攀红，许传华，胡悦．碳金融市场发展的国外实践及启示［J］．湖北经济学院学报，2017（3）：45－51．

［162］张文会，乔宝华．构建我国制造业高质量发展指标体系的几点思考［J］．工业经济论坛，2018，28（4）：31－36．

［163］张新明．国家级高新技术产业开发区发展要素分析及上海张江高新区实证研究［D］．华东师范大学，2013．

［164］张景波．城市经济高质量发展的空间差异及收敛性研究［D］．东北财经大学，2019．

［165］张燕．日本东京都水污染防治对北京的启示［A］．当代北京研究（2013年第4期）［C］：当代北京编辑部，2013：6．

［166］赵海东．资源型产业集群与中国西部经济发展研究［M］．经济科学出版社，2007．

［167］赵英民．生态环境保护与高质量发展密不可分［N/OL］．［2019－09－18］．http：//finance.people.com.cn/n1/2018/0324/c1004－29886739.html.

［168］郑石明，徐放，任柳青．国家高新区科技创新政策变迁研究——基于倡导联盟框架的分析［J］．中国公共政策评论，2017，13（2）：136 – 152.

［169］中共中央宣传部．习近平新时代中国特色社会主义思想学习纲要［M］．人民出版社，2019：113.

［170］中共中央文献研究室．十八大以来重要文献选编（中）［M］．中央文献出版社，2016：245 – 246.

［171］中共中央文献研究室编．习近平关于社会主义经济建设论述摘编［M］．中央文献出版社，2017.

［172］周元，王维才．我国高新区阶段发展的理论框架——兼论高新区"二次创业"的能力评价［J］．经济地理，2003，23（4）：451 – 456.

［173］朱启贵．建立推动高质量发展的指标体系［N］．文汇报，2018 – 02 – 06（012）.

［174］朱之鑫，张燕生，马庆斌，中国经济高质量发展研究［M］．中国经济出版社，2019.

［175］诸大建．从可持续发展到循环型经济［J］．世界环境，2000（3）：6 – 12.

［176］诸大建．绿色经济新理念及中国开展绿色经济研究的思考［J］．中国人口·资源与环境，2012，22（5）：40 – 47.

［177］左长安，邢丛丛，董睿等．伦敦雾霾控制历程中的城市规划与环境立法［J］．城市规划，2014（9）：52 – 57，64.

后 记

高质量发展是我国经济发展的重要战略指向。党的十九大报告指出，"我国经济已由高速增长阶段转向高质量发展阶段，正处在转变发展方式、优化经济结构、转换增长动力的攻关期"。习近平总书记在党的十九大报告中有 16 处提到质量。在高质量发展新思想的指导下，中国经济从过去的规模型向效益型转变，从赶超战略、重工业优先发展战略向内生禀赋结构的产业及技术战略转变，从过分强调需求忽视供给管理向供需管理并举的方向转变就成为一种大势所趋。虽然中国经济正呈现向高质量发展转变的态势，但不容忽视的是，我国经济转型不易，社会发展存在多重路径依赖：一是对房地产的路径依赖。出于拉动本地 GDP 和获得土地出让金收入的目的，地方政府、开发商、金融信贷机构合作，房地产成为影响中国经济增长的支柱产业；但是，这样的产业结构从根本上来说，不是由技术创新和产业升级驱动的，其存在较严重的泡沫成分。二是对环境资源的路径依赖。资源开采对生态环境的破坏使当前的中国经济承受较大的生态环境代价。三是对模仿创新的路径依赖。中美贸易摩擦深刻反映出自主创新的极端重要性与加快发展方式转变的迫切性。

正是由于三大路径依赖，我国经济发展必须在中央高质量发展的要求下对传统经济增长进行反思，寻求高质量发展就成为重要的战略性问题。基于此，本书初步探索了高质量发展的一些理论问题，建构了高质量发展的"三维度、六特征、系统指标体系"，提出面向"十四五"的高质量发展十大战略趋向。

本书是北京市科学技术研究院"北科智库"的研究成果。"北科智库"是首批 14 家首都高端智库试点单位。关于智库的建设，北京市委书记蔡奇同志指出，首批 14 家首都高端智库试点单位要开展独创性研究，为首都发展积极献言献策，注重做长期的研究积累，为打造具有全球影响力的百年思想库作示范立标杆，不仅为首都发展要尽心尽力，也要为国家发展贡献力量。

本书是笔者 22 个月的研究结晶，主要依托于北京市科学技术研究院创新工程项目《首都高质量发展指数研究及环境高质量发展评价》《新经济支撑北京高质量发展研究》，集合了国内高质量发展研究的一些资深专家及优秀团队参加。

在项目开题之初，中国社会科学院学部委员吕政研究员作了题为"首都高质量发展若干问题思考"的学术报告，从高质量发展的内涵和任务、北京市高质量发展的战略和任务、高质量发展指标体系三个方面进行了重点讲解，进一步明确了研究目标，为研究开展奠定了扎实基础；全国政协委员、国务院发展研究中心副主任王一鸣指导了项目研究，出席了首都高质量发展研讨会，并作了"中国经济高质量发展的推进路径"的特邀报告；清华大学石磊副教授承担了首都环境高质量发展的评价体系与国际比较的专题研究；湖南师范大学李科教授承担了环境与健康协同促进首都高质量发展的专题研究。在此，对专家的指导和参与研究表示衷心的谢忱！

科技创新驱动首都高质量发展研究是"北科智库"的重大研究。从 2021 年起，依托"科技创新驱动首都高质量发展研究"，"北科智库"将连续出版《首都高质量发展蓝皮书》，发布《首都高质量发展指数报告》，持续举办"首都高质量发展研讨会"，把"科技创新驱动首都高质量发展研究"做深、做出影响力，为首都高质量发展献言献策！

在本书出版过程中，得到了经济管理出版社责任编辑张巧梅的大力支持，感谢出版社搭建了与广大读者沟通的桥梁。在本书出版之际，深表谢意！

作者

2020 年 10 月 16 日